KB263600

상위 1% 엄마들의 양날개 전략

상위 1% 엄마들의 양날개 전략

입 학 사 정 관 제 입시 로드맵

상위 1% 엄마들의 양날개전략

공부+리더십

김형주 · 류미선 지음

두리미디어
DURIMEDIA

부모를 혼란에 빠뜨리는 새로운 도전들

극성스럽지 않은, 그렇다고 무관심하지도 않은 부모들은 생각했다.

'학교 공부만으론 안 되니 종합학원에 보내고, 그러면 성적이 웬만큼 오르겠지?'

또는 상위권 자녀를 둔 중상층의 부모들은 생각했다.

'아이가 시키는 대로 열심히 따라와 주니 미국 유학 가서도 잘하리라 믿는다.'

그러나 지금 한국의 부모들은 매우 혼란스럽다. 그동안 신뢰해온, 입시에 대한 믿음과 명제 들이 마구 흔들리고 있기 때문이다. 입학사정관제를 중심으로 한 입시제도의 변화와 자기주도학습이라는 새로운 교육방식, 그리고 세계를 무대로 꿈을 펼치던 한국 학생들의 실패라는 연기가 모락모락 피어오르는 굴뚝에 매달린 심정이라고 할까.

첫 번째 도전: '입학사정관'이라는 새로운 관문

아직도 공부만 열심히 하면 다른 것은 못해도 된다고 생각하는가? 어떠한 입시제도에도 변함없이 적용될 듯하던 이 믿음을 흔들리게 한 첫 번째 도전은 바로 '입학사정관제'. 가장 주목해야 할 점은 이 새로운 교육제도가 성적이라는 절대적 기준만이 아니라, 표현력이나 상상력, 판단력, 봉사정신 같은 인성 측면까지 평가에 반영하기 시작했다는 데 있다. 다시 말해 과거에는 단순히 주어진 문제를 해결하는 능력을 측정하는 것이 대학 입시의 기본이었다면, 입학사정관제에서는 그와 같은 기본 능력은 물론 리더십, 의사소통 능력, 열정, 일관된 독서 이력, 비판적 사고력, 협동심, 사회성 등 21세기 사회에서 중시되는 능력까지 아울러 평가한다.

또한 '관련 분야에 대한 소질 및 학업 적성'을 학생을 선발하는 중요한 기준으로 제시하고 있으므로, 학생들이 자신과 자신이 선택한 학과의 적합성을 스스로 증명해 보여야 한다는 점도 눈여겨볼 대목이다. 따라서 어릴 적부터 자신의 적성을 올바로 파악하여 한 방향으로 일관되게 학습하고 체험 활동을 하여 자신의 가능성과 열정을 증명하는 것이 입시에 유리하게 작용한다.

두 번째 도전: 주입식으로는 가르치기 어려운 자기주도학습 열풍

한국의 부모들은 지금 자기주도학습 열풍에 휩싸여 있다. 그도 그럴 것이 이른바 '공부의 신'이라고 하는 최고 실력의 아이들 대부분이 자기주도적 학습자들이기 때문이다. 그러나 그보다 더 중요한 사실이 있다. 미래 교육 환경에서는 자기주도적인 학생이 아니면 성공할 수 없다는 것. 예를 들면 대학마다 자유전공, 즉 학생이 자신에게 필요한 과정을 알아서 선택하는 교육과정이 갈수록 확산되고 있는 것과도 맥을 같이한다.

하지만 자기주도학습에 관심은 있지만 그렇다고 아이들을 무작정 학원으로부터 철수시킬 수도 없는 부모들은 그저 혼란스럽고 답답할 뿐이다. 그 심정을 한번에 해소해줄 묘책은 안타깝게도 없다. 그럼에도 분명한 사실은 스스로 선택하고 학습동기와 흥미를 가지고 적극적이고 능동적으로 학습하는 학생만이, 학년이 오를수록 폭넓게 요구되는 여러 역량들을 자신 있게 키워갈 수 있다는 것이다.

세 번째 도전: 아이비리그에서 돌아오는 아이들

아시다시피 우리나라는 2009년부터 아이비리그에 한 해 100명 넘게 유학을 보내는, 바야흐로 유학의 전성시대로 접어들었다. 하지만 불행하게도 미국 유수 대학에 유학을 떠난 아이들이 미국 대학에 성공적으로 안착하는 것은 결코 쉽지 않다. 재미교포인 사무엘 김 박사가 컬럼비아 사범대 논문 〈한인 명문대생 연구〉를 통해 하버드와 예일, 코넬 등 14개 명문대에 입학한 한인 학생 1,400명을 분석한 결과, 한국 학생 중 44퍼센트가 중도에 하차한다고 한다.

무조건 명문대를 고집하여 강의 수준을 따라잡지 못해 중도 하차

하는 경우와 학생의 개인적 생각을 묻는 토론 문화에 적응하지 못하고 돌아오는 경우 그리고 전공과 관련된 정보가 부족하여 낭패를 보는 경우가 대부분이었다. 사무엘 김 박사는 한인 학생의 유학이 실패하는 주요 원인을 '독립심 부족'에서 찾았다. 부모가 헬리콥터처럼 주위를 맴돌며 챙겨주는 대로 해오던 습관이, 스스로 해결해야 하는 대학의 시스템과 부딪치며 학생들을 '부적응자'로 만들었다는 것이다. 저자는 가시적 성적 중심의 왜곡된 교육 현실은 이러한 결과를 초래했다고 분석한다. 말하자면 공부 성적 위주의 한쪽 성과만으로, 즉 한쪽 날개만 성장시켜서 세상으로 날아갔으니 비행에 실패할 수밖에 없다.

한쪽 날개의 근육만 강화시켜 온 한국의 불균형 교육을 돌이켜볼 때, 세계 유수 대학에서 맛본 쓰라린 실패는 예견된 결과였다. 공부 역량과 리더십 역량을 어느 한쪽으로 치우침 없이 균형 있게 성장시킨 학생은 어느 대학에든지 또 그 이상 어느 사회에든지 진입하는 데 어려움이 없을 것이며, 그 안에서 당연히 성공의 열매를 맛볼 것이다.

네 번째 도전: '1만 시간'이라는 엄청난 시간 확보

말콤 글래드웰은 그의 저서 《아웃라이어》에서 가장 똑똑하고 영리한 사람이 정상에 오른다는 신화의 허구성을 밝혀냈다. 글래드웰에 따르면 성공에 필요한 제1요인은 천재적 재능이 아니라, 이른바 '1만 시간의 법칙'이라고 부르는 쉼 없는 노력이라는 것이다. 따라서 아이를 키우는 부모들은 자녀들에게 후천적 재능과 가능성을 꾸준히 계발할 수 있도록 시간을 충분히 주어야 한다고 주장한다. 짧은 시간의 성과를 바탕으로 아이의 성공 여부를 판단하지 말고, 그들이 1만 시간의 노력을 실천할 수 있도록 기회를 주고 기다리라고 요구하는 것이다.

문제는 그러기엔 녹녹하지 않은 우리의 현실! 또한 꿈이나 목표 없이 학원 성적이 월등한 아이들도 많기 때문에 부모들이 아이가 장차 하고자 하는 일의 가치나 의미 혹은 재미에 대해 특별히 주목하지 않는 경향도 있다. 그러나 이미 아이비리그의 총장들은 한국이 더 이상 배고픈 나라가 아니기 때문에 단지 먹고 살기 위한 직업을 가질 목적으로 대학에 입학하려 하는 것은 적절치 못하다고 지적하고 있다. 성공을 바라보는 시각과 관련해 그들 역시 《아웃라이어》를 쓴 글래드웰의 견해와 일치한다. 다시 말해 아이비리그 역시 아이들이 과연 1만 시간을 투자할 만한 자기만의 독창적인 주제를 갖고 성장해왔는가를 보겠다는 것이다.

그런데 1만 시간이라는 분량은 어느 정도의 시간일까? 1만 시간을 투자한다는 것은 하루 3시간씩 10년 동안 어떤 일을 지속한다는 것을 의미한다. 아이들이 과연 이 긴 시간을 들여 자신의 꿈을 위해 노력할 수 있을까? 가능하다. 아이 스스로 공부나 어떤 과제에 보람과 가치, 재미와 의미를 느낀다면 말이다. 바로 이것이 문제인데, 아이들 대부분이 학교나 학원에서 너무 과중한 공부를 하다 보니 자신만의 가치나 의미 또는 흥미나 적성 따위가 뇌 구조 안에 끼어들 여지가 없다. 또한 학교와 학원에 아이를 빼앗긴 부모로서는 아이가 재능을 발견할 수 있도록 도와주려 해도 그럴 시간적 여유조차 없다는 점도 문제이다. 결국 힘들게 공부해서 훌륭한 실력으로 우수한 대학에 입학하고 나서야, 처음부터 다시 목표를 설정하여 하루 3시간씩 10년 동안 새로운 영역에서 피나게 노력한다. 얼마나 힘든 일이며 에너지 낭비인가? 게다가 그 노력의 끝에는 빌 게이츠의 사례에서 보듯이, 이미 자신의 관심 영역을 파악하여 중·고등학교부터 정열적으로 시간을 투자해온 아이들에게 결국 뒤처질 수밖에 없는 엄혹한 현실이 기다린다.

'부모부터' 생각을 바꿔라

새로운 도전에는 새로운 방식으로 응해야 한다. 우리는 어떻게 대응해야 할까? 과연 어떻게 해야 혼란을 줄이고, 아이들에게 행복한 미래를 준비하는 방법을 알려줄 수 있을까? 결론은 '부모부터 올바른 가치관과 리더십을 가져야 한다.'이다. 부모들을 혼란스럽게 하는 가장 큰 이유, 곧 머리 좋고 공부 잘하는 아이가 반드시 성공하며 행복하게 살아간다는 보장이 없어졌다. 오히려 한 연구에 의하면 미국의 유명 대학을 졸업한 사람의 상당수가 범죄를 저지르고 교도소에 간다고 한다. 자신의 아이를 세계적 인물로 키운 부모들의 공통

점은 스스로 확고한 철학과 가치관을 세우고 무엇보다 평생토록 공부와 친근한 생활을 했다는 점이다. 그들은 부모 자신이 리더십을 실천하였다. 여섯 아이 모두 하버드대와 예일대를 졸업시켜 세계를 움직이는 리더로 키운 전혜성 씨는 자신의 자녀교육법을 '진정한 리더십(Authentic leadership)'이라는 말로 정리하였다. 자녀 교육에 대한 그의 의견은 다음과 같다.

첫째, 부모의 인생부터 제대로 세워라. 부모 자신의 가치관부터 확실히 정립해야 한다는 뜻이다. 부모가 인생에 대해 답이 없는데, 아이가 제대로 크기를 바랄 수 없다. 그러니 시간이 걸리더라도 언제나 추구해야 할 명확한 목표를 갖고, 그 과정에서 치열하게 노력하는 모습을 보여줘야 한다.

둘째, 아이에게 공부를 가르치기에 앞서 인생관을 세워줄 수 있어야 한다. 아이의 인생은 생각보다 길다. 단순히 그 학년의 교과과정에 대한 공부를 가르치는 것을 넘어 평생의 삶에 도움이 되는 가치관을 심어주어야 한다. 또한 세계를 이끄는 리더라는 마음가짐으로 한민족의 저력을 보여주는 업적을 이루어내기 위해 넓은 시야와 큰 포부를 갖도록 부모가 도와야 한다. 그러기 위해서는 부모부터 평생 배움을 게을리 하지 않고 도덕을 지키려고 노력해야 한다.

셋째, 재주가 덕을 앞서지 않아야 한다고 말한다. 서로 상극되는 힘을 조화시키고 인간관계를 돈독히 해야 한다. 인정을 가지고 약자를 도울 줄 알아야 한다는 뜻이다.

마지막으로, 세계적인 안목을 키울 수 있게 도와주어야 한다. 오바마 행정부의 인선 기준 가운데 어린 시절에 제3세계에서 살아본 경험이 있느냐는 항목이 있었다고 한다. 나와 다른 사람, 나와 다른 기준과 다른 가치가 세상 어디에 있을 수 있음을 알고 나면, 한 걸음 더 나아가 나만 옳은 것이 아니라 남도 옳을 수 있다는 가치까지 깨닫는다.

이제 부모가 '성적 중심'의 관점에서 벗어나 아이의 '인성과 리더십'을 함께 키워주어야만 진정으로 부모와 아이가 원하는 목표를 이룰 수 있음을 인식해야 한다. 아이의 성적을 올리는 최선의 방법은 아이에게 공부할 것을 강요하는 것이 아니라, 부부간의 사랑과 가족 간의 대화 그리고 배려와 같은 가치들을 아이가 느끼게 하는 것에서부터 출발한다.

이러한 인식을 바탕으로 새로운 교육 환경에 대응하기 위해 부모들은 자녀들이 5대 공부 역량과 4대 리더십 역량을 배양하도록 이끌어야 한다. 새는 한쪽 날개로 날지 못한다. 게다가 온전하지 않은 한쪽 날개만으로는 더더욱 그렇다. 자녀들이 언젠가 부모 곁을 떠나 세상으로 힘찬 비행을 시작할 그때 기우뚱거리며 불안한 날갯짓을 하는 뒷모습을 바라보고 싶은 부모는 없을 것이다. 자녀들에게 멋진 근육의 두 날개, 공부 역량과 리더십 역량이라는 두 날개를 달아주자.

공부의 신이 되기 위한 기본기 버전업

평범한 부모들은 집 근처 학원에 보내고, 아이들의 교육에 조금 더 관심 있는 부모는 좋은 학원을 찾아 보내고……. 그동안 부모들은 그

저 좋은 학교와 좋은 학원 찾기에만 열중해왔다. 공부를 잘할 수 있는 역량을 키워서 아이 스스로 잘할 수 있도록 이끌지 못했다. 이제부터라도 공부 실력을 높이는 데 필수적으로 중요한 다섯 가지 역량을 중심으로 공부 전략을 세워야 한다. 공부를 잘하기 위해서는 많이 배우기만 해서는 안 된다. 공부를 잘하기 위한 기본 역량이 필요하다. 그것은 '공부'라는 한쪽 날개를 발달시키기 위해 기본적으로 갖추어야 할 역량이다. 이 다섯 가지 역량이 높은 학생은 기본적으로 공부를 잘할 수밖에 없다. 공부 역량이 약한 아이에게 학원과 과외를 통해 계속해서 주입식 공부만 시킨다면, 별 효과 없이 시간과 돈만 낭비하는 불행한 결과를 초래할 것이다.

《5차원 전면교육학습법》의 저자 원동연 박사는 지력, 심력, 체력, 자기 관리 능력, 인간관계 능력을 공부와 연관된 주요 능력으로 꼽았다. 지력은 두뇌 및 공부와 연관된 능력이고, 심력은 꿈이나 정서적인 측면을 말한다. 이러한 능력들과 관련하여 흥미 있는 법칙이 있다. 여러 개의 나뭇조각을 연결해 만든 물통이 있다고 치자. 이 물통은 여러 나뭇조각 중에서 한 부분이라도 부러지면, 아무리 물을 많이 부어도 부러져서 가장 낮은 나뭇조각의 높이까지만 물이 채워진다. 다시 말해 물은 물통을 이루고 있는 나뭇조각의 최소 높이까지만 채워진다는 것이다. 이것이 바로 '최소량의 법칙'이다. 이 법칙을 공부에 적용하면, 아무리 열심히 공부를 해도 그 가장 낮은 능력 이상으로는 성적이 오르기 어렵다는 말이 된다.

따라서 원동연 박사의 '최소량의 법칙'에 따르면, 성적을 올리기 위해서는 먼저 그 아이에 대해 정확한 진단과 평가를 하고 난 후에 가장 취약한 부분부터 보완해줄 필요가 있다. 과연 여러분의 자녀는 어떤 부분이 가장 취약한지 한번 점검해보기 바란다.

저자들은 많은 연구와 토론 끝에, 공부의 신이 되기 위한 한쪽 날개 역량을 다섯 가지로 정리했다. 아이를 공부의 신으로 만들기 위해 부모가 신경 써야 할 일은 첫째, 아이에게 지적 호기심을 갖게 하라, 둘째, 두뇌를 총명하게 하는 습관을 익히게 하라, 셋째, 항상 책과 친근한 환경을 만들고 그것을 바탕으로 말하고 쓰고 토론하는 습관을 들여라, 넷째는 공부를 잘할 수 있는 학습 환경을 만들어 몸과 마음을 건강하게 만들라, 다섯째, 능률적인 공부 습관을 익히게 하라는 것이다.

다음 장의 테스트를 통해 자녀의 공부 역량을 평가해보고, 특히 강한 부분과 취약한 부분이 무엇인지를 파악하자.

	진단 질문	◀ 매우 그렇지 않다		매우 그렇다 ▶		
①	나는 지금까지 모르던 새로운 것을 배울 때 호기심을 느낀다.	1	2	3	4	5
②	나는 공부를 할 때나 책을 읽을 때 집중한다.	1	2	3	4	5
③	나는 독서를 좋아하며, 책을 많이 읽는다.	1	2	3	4	5
④	나는 잠자는 시간과 일어나는 시간이 일정하다.	1	2	3	4	5
⑤	나는 모르는 것이 있으면 바로 질문을 하는 편이다.	1	2	3	4	5
⑥	나는 한 번 읽거나 외운 부분은 좀처럼 잊어버리지 않는다.	1	2	3	4	5
⑦	나는 책을 읽은 후에 메모를 하거나 독후감을 쓴다.	1	2	3	4	5
⑧	나는 학교나 학원이 끝난 후 집에 들어가기 싫다고 생각한 적이 없다.	1	2	3	4	5
⑨	나는 새로운 것을 배울 때마다 흥미를 느낀다.	1	2	3	4	5
⑩	나는 어떤 문제를 접했을 때 나만의 독창적인 해법을 찾으려 애쓴다.	1	2	3	4	5
⑪	나는 학교에서 발표를 자주하며 또 잘한다는 평을 듣는다.	1	2	3	4	5
⑫	나는 해야 할 일이 있을 때 친구들이 놀자고 해도 거절한다.	1	2	3	4	5
⑬	나는 어려운 문제를 풀었을 때 기쁨을 느낀 적이 있다.	1	2	3	4	5
⑭	나는 과학 퀴즈나 수학 문제를 풀 때 흥미를 느낀다.	1	2	3	4	5
⑮	나는 논리 정연한 글을 쓰기 위해 노력한다.	1	2	3	4	5
⑯	나는 텔레비전을 시청하거나 컴퓨터 게임을 하느라 숙제를 미루는 일이 없다.	1	2	3	4	5
⑰	나는 내가 모르는 식물이나 동물에 대해 알기 위해 인터넷 검색을 한다.	1	2	3	4	5

⑱	나는 규칙적으로 운동을 하거나 취미생활을 하고 있다.	1 2 3 4 5
⑲	나는 토론할 때 핵심 쟁점을 잘 파악한다.	1 2 3 4 5
⑳	나는 부모님이나 선생님과 대화하기를 즐기는 편이다.	1 2 3 4 5

90점 이상: 아주 훌륭해! 거의 공신의 경지인걸!

80점 이상: 그 정도면 공신이 되는 것도 시간문제라고 봐!

70점 이상: 좋아, 조금만 더 노력하면 되겠는걸!

60점 이상: 한번 열심히 해보자고. 좋은 결과가 있을 거야.

50점 이상: 지금부터 시작해도 늦지 않아. 화이팅!

※ 자녀가 3점 이하로 체크한 항목에 대해서는 부모가 관심을 갖고 이끌어준다.

01

지적 호기심 역량
호기심이 답을 찾는다

> "아이들이 배워야 하는 것은 그 무엇도 아이들에게 부담을 주거나 임무처럼 강요되어서는 안
> 된다. 지나치게 강요되는 것은 무엇이건 머지않아 귀찮아진다. 전에는 즐거운 일이었을지라도
> 시간이 갈수록 그것에 대한 반감으로 채워진다."
>
> – 존 로크

제 흥에 겨워 하는 공부를 누가 말리랴

공부 실력을 높이기 위해 가장 필요한 것은 아이에게 지적 호기심을 키워주는 일이다. 공부에 흥미를 느끼지 않는 아이에게 억지로 공부를 시키는 일이야말로 세상에서 가장 힘든 일일지도 모른다. 자신의 아이를 비범한 수재로 키운 독일인 칼 비테는 어떤 교육이 가장 좋은 교육인지를 묻는 질문에 의외로 간단히 대답했다.

"뭐가 좋은 교육이냐고요? 아이의 흥미를 이끌어낼 수 있는 게 가장 좋은 교육 아닐까요?"

칼 비테는 아들이 서너 살 때부터 아들을 데리고 아침마다 공원에 산책을 다녔다. 산책을 하는 동안 아들에게 늘 새롭고 재미있는 다양한 이야기를 들려주었다. 이야기 내용은 스파르타인들이 어떻게 트로이 성을 함락시켰는지부터 인도와 중국에 관한 이야기까지 그야말로 무궁무진하였다. 또한 함께 주위 사물을 자세히 관찰하고, 또 그것에 대해 자세하게 설명해주었다. 아들에게 길에 핀 꽃을 가리키며 꽃의 이름이 무엇인지 묻기도 하고 곤충에 대해 묻기도 했는데, 아들이 대답하지 못하면 그 꽃이나 곤충의 이름과 쓰임새는 물론 그 이름의 유래까지 알려주었다. 이러한 칼 비테의 노력은 아들이 식물과 동물에 관심을 갖고 과학 지식을 쌓아가는 계기가 되었다.

우리 주위에도 이러한 사례들이 많이 있다. 과학 천재 송유근은 돌이 되어서도 걷기는커녕 뒤집지도 못해 이웃들이 아이가 늦되다며 걱정할 정도였다고 한다. 세 살 때 다른 아이들이 한글과 구구단을 배울 때 유근이는 책에 나오는 그림만 보면서 놀았고, 네 살 때는 유치원 수업을 못 따라가 중퇴를 했다. 그런데 다섯 살 때 처음으로 수에 관심을 보이더니 무서운 집중력으로 1년 2개월 만에 고등학교 미적분 응용문제를 풀어냈고, 입학 3개월 만에 초등학교를 졸업하고 여덟 살도 안 되어 대학에 입학했다. 《모든 아이는 영재로 태어난다》라는 책을 쓴 송유근의 부모는, 아이가 모르는 것을 바로 가르치거나 고쳐주지 않고 책이든 현장이든 직접 배울 수 있도록 이끌었다고 한다. 흥미를 갖게 하고 관심 있는 것을 선택해서 집중할 수 있도록 유도한 것이다. 하루 12시간씩 공부하고 실험해도 지루한 줄 모르던 것은 바로 유근이 자신이 흥미를 느꼈기 때문이다. 초등학교 교사 출신의 부모와 할머니 손에 자랐고, 독서 장소로 할인점이나 도서관을 이용하며, 한 달 사교육비로 30만 원을 쓰는 아주 평범한 가정의 송유근. 자녀의 흥미에 주목하여 양육한 아주 작은 차이가 결과적으로 커다란 차이를 가져온 것이다.

지적 호기심을 키우는 두뇌 마사지

공부 잘하는 아이로 키우고 싶으면 지적 호기심이 있는 아이로 키워라. 에디슨이나 아인슈타인 같은 위대한 업적을 남긴 과학자들은 주위 사람들이 이상하게 생각할 정도로 왕성한 지적 호기심을 갖고 산 사람들이다. 지적 호기심을 자극하여 공부에 대한 흥미를 유발시켜야 한다.

지적 호기심이 많은 사람들은 어떤 특징이 있을까? 모험을 좋아하며, 수레바퀴처럼 틀에 박혀 돌아가는 일상생활을 싫어하며, 항상 새로운 무언가를 찾아다니기 좋아하는 사람이라면 지적 호기심이 강한 사람이라고 할 수 있다. 이러한 사람들은 때로는 매사에 지나치게 참견한다는 이야기를 듣기도 한다. 반면 일상생활이나 주변 환경에 관심이 적고 신경이 다소 무감각한 사람은 지적 호기심이 적은 경우이다.

이러한 차이는 태어나면서부터 정해지는 것이라기보다는, 주위 사람들의 시선을 의식하거나 피해를 줄까 봐 지적 호기심을 겉으로 잘 드러내지 않고 억누르다 보니 생기는 경우가 많다. 아이러니하게도 아이들 교육에 적극적인 부모일수록 아이의 지적 호기심을 자극하기는커녕 오히려 지적 호기심을 싹둑 잘라버리는 경우가 많다. 아직 어린 아이들에게 억지로 공부를 시키려 하기 때문이다. 너무 어릴 적부터 부모로부터 읽고 쓰기를 강요당하면 아이들은 자연히 호기심이 사라진다. 그 대신 남는 것은 마음껏 뛰어 놀고 싶은 마음뿐. 어느 순간 아이는 글자에 대한 호기심도 상상력도 모두 접어버린다.

이제라도 <u>지적 호기심이 있는 아이로 키우고자 한다면, 주위 사물에 대해 궁금증을 느끼게 하고 스스로 찾아서 그 해답을 알아내게 하라.</u> 부모가 바로 대답하고 알려주는 것보다 같이 백과사전을 찾고 인터넷을 검색하는 과정에서 아이는 성취감을 느낀다. 그러한 과정에서 지적 호기심이 더욱 커지며 알고자 하는 욕구가 생긴다. 과학 잡지를 읽도록 하는 것도 좋은 방법이다. 과학 잡지에는 신비로운 다양한 이야기들이 연재될 뿐 아니라, 여러 가지 퍼즐과 문제가 아이들의 호기심을 자극하기 때문이다. 또한 책을 좋아하는 아이들에게 추리소설을 읽어보라고 권하는 것도 좋은 방법이다. 또한 다큐멘터리 영화를 자주 보는 것도 한 방법이다. 그리고 가족여행으로 늘 새로운 장소를 선택함으로써 아이들의 호기심을 자극할 수도 있다. 그리고 날마다 새로운 단어와 용어를 찾아보는 습관을 들이는 것도 좋다.

햄스터를 키우듯 관찰력을 길러라

자연과 일상생활 속에서 사물을 관찰하고 기억하고 표현하는 습관은 공부 잘하는 아이로 만드는 기본 전제가 된다. 이러한 습관은 과학을 잘하게 하고, 사회를 잘하게 하며, 국어를 잘하게 한다. 관찰력이 없는 사람이 과학자가 된 경우는 없다. 관찰력이 없는 사람이 소설가가 되고, 만화가가 되고, 사회학자, 인류학자, 화가, 의사 등 전문 직업인이 되기는 힘들다. 된다 하더라도 그 분야에서 최고가 되기는 어려울 것이다.

엉뚱하다 싶은 질문에도 아이와 함께 고민하는 것이 아이들의 관찰력을 키우는 방법이다. 작은 차이점에도 호기심을 가질 수 있도록 유도하고, 관찰을 통해 생각하고 사고하는 아이로 길러야 한다. 어렸을 때는 숨은 그림 찾기나 틀린 그림 찾기 등을 하며 관찰력을 높일 수 있다. 그리고 그림을 그리게 하는 것도 큰 도움이 된다. 그림을 그린다는 것은 사물을 관찰한 뒤에 기억하는 것을 묘사하는 연습이 되기 때문이다. 그런데 관찰력은 아이가 다 큰 뒤에는 더 이상 길러줄 수 없는 것일까? 그렇지 않다. 어렸을 때 관찰력을 길러주지 못했다면 지금부터라도 시작하자.

저자의 큰 아이가 몇 년 동안 할머니 댁에 가는 길에 있는 김밥집을 모르는 것을 보고 놀란 적이 있다. 걱정이 돼서 중학교 수학 선생님인 친구에게 하소연했더니, 아주 훌륭한 대학교를 졸업한 한 남자 선생님이 1년 동안 옆에 앉아 근무한 선생님을 모르더라는 이야기를 해준다. 아이가 관찰력이 없다고 실망할 필요는 없다. 자연과 사물에 대한 관찰력을 키우기는 어렵더라도, 사회와 현상에 대한 관찰, 인간과 삶에 대한 관찰력은 청소년기에 충분히 살릴 수 있다. 사물에 대한 관찰보다 인간과 사회에 대한 관찰이 더 의미 있을 수도 있다. 뉴스를 보게 하고 신문을 읽게 해서 사실과 현상에 대해 관심을 갖는 것이야말로 이 사회에서 요구하는 능력에 한 발 더 다가갈 수 있다. 이러한 능력은 오히려 청소년기에 성장시키기에 적합하다.

질문하는 아이가 질문에 답하는 리더가 된다

학교에 가는 자녀에게 아침마다 어떤 주문을 하는가? 한국의 많은 학부모들은 아이가 초등학교에 입학하면 아침마다 등교하는 아이에게 선생님 말씀을 잘 들으라고 가르친다. 과연 옳은 주문일까? 그러다 보니 학생들이 선생님의 말씀을 아무 비판 없이 받아들이고 비판 정신이나 독창성이 없는 인간으로 성장하는 것이 아닐까? 요새는 대학의 강의 시간에도 학생들이 어지간해서는 질문을 하지 않는다.

유대인 어머니들은 아이들에게 다르게 주문한다. "교실에서는 질문을 해야 한다." 유대인 부모들이 자신의 아이들에게 요구하는 것은, 암기나 필기를 잘하는 것이 아니라 이해하는 능력이다. 한마디로 질문을 통해 자기 것으로 만든 '지혜'이다. 유대인들은 지혜에 뒤지는 자는 매사에 뒤진다고 생각한다. 아라비아 속담에 '배움은 질문으로 열 수 있는 보석상자다.'라는 말이 있다. 그러니 지혜로운 아이로 키우고 싶으면 평소 질문하는 습관을 들여라.

누군가 "어떤 사람을 리더라고 부를 수 있느냐?"라고 물으면, '어릴 적에는 질문하고, 커서는 답하는 사람'이라고 답하고 싶다. 최근에 번역된 테리 J. 파뎀의 《애스킹》은 질문하는 기술을 소개한 책이다. 책 제목만 봐도 "왜?"라는 질문이 얼마나 중요한지 세상의 인식을 반영하는 듯하다. 질문하는 아이들이야말로 지적 역량이 뛰어날 뿐 아니라, 나아가 미래의 리더가 될 수 있다.

어린 아이들은 호기심 때문에 많은 질문을 한다. 너무 많은 질문을 쏟아내서 가끔은 지겹고 귀찮을 때도 있다. 처음 질문을 시작할 때는 기특하고 신기해서 잘 답해주던 부모들도 나중에는 아이들의 질문을 무시하거나 대충 대답하고 만다. 그러나 끝까지 진심으로 대답해주고, 모르는 것은 귀찮음을 감수하면서 책이나 인터넷을 찾아 같이 알아가는 과정을 되풀이해야 한다. 질문을 많이 하는 아이일수록 많이 알게 된다. 적극적인 아이가 된다. 나중에 질문에 대답할 수 있는 어른이 된다.

앞서 언급한 것처럼 공부를 잘하는 아이들은 대체로 모르는 것이 있으면 질문한다. 질문하는 아이들을 싫어하는 선생님은 없다. 질문하고 답하는 가운데 아이는 선생님으로부터 긍정적인 반응을 주고받을 수 있을 뿐 아니라, 모르는 것을 알게 됨으로써 성적이 올라간다. 그렇게 자란 아이가 어른이 되면 입장을 바꾸어 질문에 답을 하는 리더가 될 것이다. 오바마 대통령이 기자회견을 하는 장면을 떠올려 보라. 기자들로부터 질문을 받고 답하는 모습이 우리 시대 리더의 모습이다. 오늘날 어떤 문제에 대해 답할 수 있는 자리란 리더의 자리를 말한다.

공부의 희열을 느끼게 하는 시크릿

옛 선인들을 보면 위인들은 배움의 즐거움을 일찌감치 안 사람들이다. 공부하는 것이 아이들에게는 참으로 힘든 일이고 하기 싫은 일이지만, 사실 공부야말로 그 즐거움을 느끼게만 된다면 가장 쉬운 일 가운데 하나일 것이다.

공부가 피할 수 없는 아이들의 운명이라면, 아이들에게 공부하는 맛과 희열을 스스로 느끼게 하는 것이 관건이다. 지인의 아들이 대안학교를 다녔는데, 그 아이는 그다지 공부에 흥미가 없는 아이였다. 그런데 일본어만은 제법 열심히 공부했다. 어느 날 수업시간에 한 학생이 선생님께 일본어 단어를 물어보았다. 그러자 선생님께서 "난 잘 모르겠는데, 이 문제라면 성민이에게 물어봐."라며, 바로 그

지인의 아들을 지목했다. 그 뒤로 그 아이가 어떻게 변했을까? 일본어를 더욱 열심히 해서 성적과 실력이 오른 것은 물론이고, 다른 과목에도 재미를 붙여서 아주 좋은 대학에 입학해 장학생이 되었다고 들었다.

공부의 희열도를 높이는 방법은 아이의 전략 과목이 무엇인지 찾아내는 것에서 시작한다. 아무리 공부를 못하는 아이라도 좋아하고 잘하는 과목이 한 가지쯤은 있다. 그 과목이 국어, 영어, 수학 같은 중요 과목이 아니더라도 좋다. 어느 과목이라도 열심히 해서 좋은 성적을 거두면, 다른 과목도 잘할 수 있는 능력이 있다고 볼 수 있다. 한 과목에서 전교 일등을 한다면 공부 희열도를 충분히 느낄 수 있으며, 이러한 힘이 다른 과목에까지 전달될 가능성이 높다. 긍정과 믿음의 눈으로 아이를 바라보면, 아이들은 반드시 실력으로 답을 해준다.

아이가 자신 있어 하는 분야에 대해서 아이에게 자꾸 질문하라. 아이가 답을 맞힌 경우에는 충분히 칭찬해줘라. 그러면 희열을 느끼고 공부에 흥미를 느낄 것이다. 아이가 공부에 흥미를 느끼기만 하면, 그 다음은 부모가 그만하고 자라고 해도 공부하는 아이로 바뀔 것이다.

◆ 아이의 재능과 관심 분야를 찾아내자

1. 아이가 흥미 있게 생각하는 분야를 알아보자. 편견 없이 자유롭게 쓸 수 있도록 유도하면서 아이의 흥미와 재능을 찾기 위해 애쓴다.

내가 좋아하는 것 적어보기

____

____

예 친구와 수다 떨기, 쇼핑하기, 노래 부르기, 기계 분해하기 등

내가 잘하는 것 적어보기

____

____

예 조리 있게 말하기, 알고 있는 사실 응용하기, 따지기 등

2. 관심 있는 분야를 정해서 블로그를 만들어 그 분야를 검색하고 정보를 수집해가는 과정을 통해, 지적 호기심을 더욱 키우고 충족시키도록 한다.

3. 공부를 하거나 문제를 풀 때 모르는 것이 나오면 반드시 체크한다. 이때 형광펜이나 다른 색 필기구로 '질문'이라고 반드시 적어놓고, 학교 선생님이나 학원 선생님께 질문하는 습관을 들인다.

4. 전략 과목을 정복함으로써 공부의 희열을 알게 한다. 제일 자신 있는 과목을 정해서 매일 완벽하게 공부해서 최상위의 점수를 받도록 한다. 성적이 중하위권인 학생이라면 최상위 점수는 아니라도 다른 과목에 비해 제일 잘 나올 수 있도록 가장 많은 시간을 할애한다. 그리고 부모는 시험 결과가 나오면 충분히 칭찬해준다.

02

두뇌 역량

두뇌의 힘을 키우자

"두뇌가 전부는 아니다. 그렇지만 중요한 것임은 틀림없다."

— 윌리엄 페더

두뇌에도 식스팩을 만들자

선천적으로 머리가 좋은 사람은 공부하기가 수월하다. 두뇌 역량이 공부 역량에 큰 영향을 끼치는 것이 사실이기 때문이다. 그러나두뇌는 후천적으로도 충분히 좋아질 수 있으며 사용할수록 또한 노력할수록 활성화되므로, 지금부터라도 공부하기에 최적의 두뇌로만들 수 있다.

공부를 잘하기 위해서는 두뇌를 최적화해야 한다. 총명한 뇌로 만들기 위해서는 모든 사고와 학습, 판단, 창조 기능 같은 고등 정신활동을 담당하는 대뇌 피질을 발달 단계에 따라 다양하게 자극해야 한다. 대뇌 피질은 부위별로 발달 시기가 따로 있는데, 아이를 총명하게 만들기 위해서는 어린 시절에는 전두엽을 자극하고 성장할수록 후두엽을 자극하는 식으로 바꾸어가는 것이 가장 좋다.

이러한 측면에서 보면 너무 일찍 글을 가르치는 것이 좋은 방법이 아님을 알 수 있다. 언어 기능을 담당하는 측두엽은 만 6세가 넘어가면서 집중적으로 발달하기 때문에, 만 6세 즈음에 책을 읽어주거나 함께 책을 보고 말을 많이 하는 등의 언어 자극을 주면 더 쉽게 이해하고 재미있게 글을 배울 수 있다. 이때의 언어 자극이 평생의 국어 실력을 결정한다 해도 과언이 아니라고 전문가들은 말한다. 외국어 교육도 마찬가지로 초등학교 입학 전후에 시작하는 것이 가장 효과적이다.

한의학에서는 뇌의 활용도를 높여 총명한 뇌로 만들기 위한 방법으로, 첫째, 다양한 운동을 통해서 뇌 전반을 적극적으로 자극하고 개발할 것을 권한다. 곧 무한한 잠재 능력을 키우기 위해서는 열심히 신체를 움직여주어야 한다는 것이다. 예를 들어 공부를 하기 전에 집중력과 관련된 손 운동을 한다든지 엄지발가락을 지압해주면 뇌가 자극을 받아 총명해진다. 흔히 공부를 시키느라 운동에는 무관심한 부모와 학생 들이 많이 있는데, 운동이 뇌의 개발과 연관되어 있다는 점을 명심하라. 실제로 악기를 연주하면 특히 우뇌 피질을 자극하게 되고 나아가 신경망을 통해 전체적인 대뇌 활동을 증가시켜 어린이의 기억력을 증대시켜 준다. 미국 어바인 소재 캘리포니아대학의 프랜시스 라우셔 교수팀은, 3~4세 어린이들에게 피아노 레슨을 시킨 뒤에, 퍼즐 맞추기를 했을 때 실력이 34퍼센트 향상됐다는 연구 결과를 발표했다. 예체능 학습과 학과 공부를 연계하여 효과를 거두는 경우도 많다. 학원 한 번 다니지 않고 최상위권을 유지하는 한 여학생은, 학교에 갔다 와서 한 시간 정도 피아노를 치고 공부했을 때 피아노를 치지 않고 공부하던 때보다 성적이 많이 올랐다고 말한다. 잔근육을 많이 움직여주는 것이 두뇌에 영향을 미쳐 집중력과 기억력을 향상시킨다. 아이들에게 규칙적으로 운동이나 음악 그리고 취미생활을 하도록 하라.

둘째, 대뇌의 노화를 완화해주어야 한다. 뇌의 노화는 사람이 성장함에 따른 자연적인 현상인데, 그에 따라 기억력, 집중력 등 다양한 학습 능력이 저하되고 육체적 감각 또한 약화된다. 하지만 대뇌에 공급되는 혈액과 산소가 충분하면 뇌세포의 발육이 강화되어 활력이 증진됨으로써 노화가 완화되고, 그 결과 대뇌의 기능 또한 높일 수 있다. 실제로 산에 올라가 코로 숨을 깊이 들이쉬면 머릿속이 맑고 깨끗해지는 듯한 느낌을 받는다. 신체 각 기관과 뇌에 깨끗한 산소가 충분히 공급되기 때문이다. 이처럼 산소 공급은 우리의 뇌와 정신을 깨우는 데 중요한 역할을 하기 때문에 올바른 호흡법으로 뇌에 산소가 원활히 공급될 수 있게 해주어야 한다. 다시 말해 집안 공기를 자주 환기시켜서 아이들에게 신선한 공기를 호흡할 수 있는 환경을 만들어주고, 더 많은 산소를 두뇌로 보내기 위해 복식호흡법을 가르쳐주어야 한다. 바람과 공기, 특히 산소는 신체와 두뇌 건강에 매우 중요하다는 사실을 명심하라. 하루 중 공기가 맑은 시간에 하는 산책은 두뇌 역량 배양에 도움이 된다.

셋째, 대뇌에 충분한 영양을 공급해 주어야 한다. 충분한 영양 공급은 대뇌 건강의 기본 조건이다. 그래서 발달한 것이 건강한 뇌를 만드는 전통 한방 음식건뇌법(飮食健腦法)이다. 현대 의학에서도 일상생활에서 적절한 양의 다양한 비타민과 무기질을 섭취하면 두뇌 활동에 크게 기여한다는 사실이 밝혀졌다. 따라서 아이들에게 영양제를 골고루 섭취하게 하는 것도 부모가 할 일이다. 두뇌를 건강하게 만들기 위해서는, 첫째, 어떤 일이 있어도 아침은 꼭 먹어야 하며, 둘째, 비타민 B군은 될 수 있으면 아침에 섭취하도록 한다. 특히 시금치, 미나리, 레몬, 당근, 도라지, 쑥갓, 아욱 등 채소류와 미역, 다시마, 김 등 해조류를 많이 먹으면 좋다. 잡곡을 섞어 밥을 짓고 잔물고기, 조개류도 간간이 먹는다. 소금 대신 식초로 맛을 내는 것이 좋다. 소금은 신장과 뇌 기능을 떨어뜨리지만, 식초는 피로 물질이 축적되는 것을 막아준다. 셋째, 커피와 콜라 같은 카페인 음료는 피해야 하며, 넷째, 튀김, 크림, 케이크 등 기름기도 피해야 한다. 다섯째, 철분을 충분히 섭취해 빈혈을 방지하고, 여섯째, 과식을 피하고 음식은 짜게 먹지 않아야 한다. 일곱째, 규칙적으로 식사하고 식사 간격을 유지하며, 여덟째, 칼슘과 마그네슘을 적절히 섭취한다. 아홉째, 생선, 두부, 달걀 등

질 좋은 단백질을 충분히 섭취한다. 뇌 성분의 원료인 디에이치에이(DHA) 등 다가불포화지방산이 많이 함유된 음식도 수험생에게 이롭다. 이런 성분은 고등어, 꽁치, 정어리 같은 등 푸른 생선, 밤이나 호박씨, 호두, 땅콩, 잣 같은 견과류에 많이 들어 있다.

생활습관으로 기억력을 높이자

에빙하우스의 망각률에 따르면, 30분 후 44퍼센트, 1시간 후 55퍼센트, 9시간 후 65퍼센트, 1일 후 70퍼센트, 3일 후 80퍼센트, 1개월 후 80~90퍼센트를 망각한다고 한다. 곧 학습 30분 뒤에는 44퍼센

■ 에빙하우스 망각 곡선

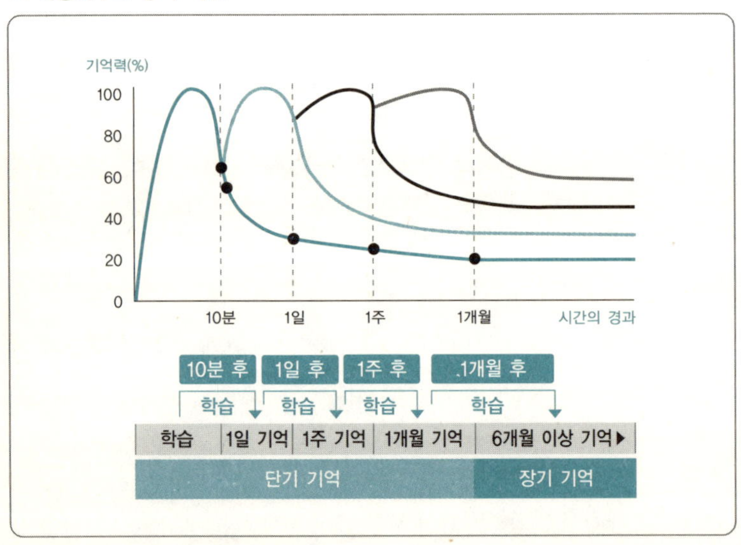

트를 잊어버리고, 하루가 지나면 70퍼센트, 3일 후에는 80퍼센트를 잊어버린다는 것이다. 따라서 학습한 후 반복학습이 이루어지지 않으면 그것은 단기 기억에 머물다가 대부분 사라진다.

그렇다면 기억을 잘하는 사람들의 공통적인 습관은? 바로 '반복'이다. 에빙하우스의 곡선에서처럼 10분 후 복습, 하루가 지나기 전에 복습, 1주일이 지나기 전에 복습, 한 달이 지나기 전에 복습하면 장기 기억으로 남는다. 복습의 습관이 기억력을 높이는 가장 최선의 방법이다.

기억력을 좋게 하는 생활습관은 어떤 것이 있을까? 전문가들은 무엇보다 "적당히 쉬고 스트레스를 적극적으로 푸는 것이 기억력 향상에 중요하다."라고 말한다. 휴식 없이 공부만 할 경우 과중한 스트레스에 의해 뇌에서 글루코코르티코이드 호르몬이 급격히 늘어나는데, 이것이 기억을 회복하는 것을 방해한다. 곧 단기 기억이 장기 기억으로 저장되는 과정을 방해하는 것으로 알려져 있다. 만약 밤을 새워 공부한다면 시험점수를 일시적으로는 올릴 수 있겠지만, 장기 기억으로 저장되지는 않는다. 그러므로 벼락치기 공부는 입시에 도움이 되지 않는다는 것이다. 평소에 꾸준히 공부하면서 충분한 수면이 이루어져야 한다.

둘째, 악기와 음악을 연주하라. 실험을 통해 피아노 레슨이, 수학과 과학에 필요한 시·공간 추론 능력과 관련 있는 신경세포 사이의 특별한 연결망을 발달시킨다는 사실이 밝혀졌다.

셋째, 독서와 외국어 공부를 하라. 독서를 하면 시각적 정보를 뇌에 저장시키는 단기 기억 훈련 효과가 있다. 외국어를 배우는 것도 부수적으로 기억력을 증가시키는 방법이다.

넷째, 시각화해서 기억하라. 예를 들어 새로운 얼굴을 기억할 때 "그 사람의 헤어스타일이 어떻더라.", "누구를 닮았더라." 하는 식으로 이미지를 구체화해 놓으면 기억이 훨씬 오래 간다. 지명을 외울 때에도 단순히 외우는 것보다는 지명들의 지도상 위치를 생각해가면서 외우는 것이 훨씬 쉽다. 다소 추상적인 내용이라도 그림이나 도표, 약도 형식으로 이미지지화하면 더 기억하기 좋다.

다섯째, 여러 감각을 활용하면 더 효과적이다. 예컨대 문장을 외울 때에도 입술이나 혀의 감각, 손 운동 등을 활용해 공감각화하면 기억하기 좋다. 혼잣말로 중얼거리는 것도 한 가지 방법이다.

여섯째, 단서를 활용하여 연상(聯想)하라. 기억할 때 사용하는 중요한 기술 중의 하나가 연상이다. 연상이란 A를 보면 B가 생각나는 현상이다. 집에 도착하면 어떤 일을 꼭 해야 하는데 잊어버릴 것 같을 때, 가지고 다니는 가방에 끈을 매달아 놓거나 휴대폰이 울리게 해놓아 집에 도착하면 그 일이 기억나게 하는 것도 연상을 이용한 것이다.

일곱째, 전문가들은 기억하기 전에 먼저 이해하라고 충고한다. 이해하면서 기억한 것이 단순 암기보다 더 오래간다. 일찍이 피타고라스는 "내가 무엇을 기억하냐고? 난 단지 그것을 이해할 뿐, 아무것도 기억하지 못한다."라고 말한 바 있다. 칼 비테 역시 암기는 배움에 있어서 중요한 학습과정이지만, 무작정 외워서는 안 된다고 강조한다. 그럼에도 칼 비테는 자녀에게 반복암기법을 가르쳤는데, 무작정 외우는 방식과 어떻게 달랐을까?

수많은 학생들이 책을 읽을 때, 한 문장도 빼먹지 않으려고 단어 하나하나를 곱씹으며 대책 없이 외운다. 하지만 칼 비테는 책을 볼 때 글자나 단어로만 외우지 않고, 우선 전체적인 내용을 한 번 쭉 훑어본 다음 한 차례 속독을 하게 한 뒤에 다시 자세히 읽어가도록 했다. 그 결과 그의 아들은 한 권의 책을 몇 번만 읽고도 금방 전체 내용을 파악할 수 있었다고 한다. 즉 편안한 마음으로 여러 차례 읽는 반복암기법을 활용하면, 아무리 딱딱하고 어려운 내용의 책이라도 흥미를 느낄 수 있고 그 책이 지닌 가치를 발견할 수 있기 때문에 내용을 잘 기억할 수 있다.

끝으로 지나치게 많은 것을 외우려 하거나 너무 빨리 외우려 하면 역효과가 난다는 것도 명심하기 바란다. 컴퓨터의 메모리가 한정되어 있는 것처럼 사람의 기억력도 어느 정도 용량이 한정되어 있기 때문이다.

한 주먹에 새우깡 몇 개가 잡힐까

수리력과 집중력 또한 두뇌 역량에 없어서는 안 될 부분이다. 수리력은 어렸을 때부터 키워주는 것이 좋다. 연산능력을 키우기 위해 어려서부터 연산을 많이 시키는데, 그보다는 생활 속에서 숫자에 대한 감을 익히게 해주어야 한다. 즉 물건을 세거나 옮기는 과정에서 수를 세면서 작은 수의 크기를 가늠할 수 있게 하고, 거꾸로 세기나 묶어 세기 등 게임과 퀴즈를 통해 수의 재미를 알게 한다. 그리고 시장이나 슈퍼에서 이뤄지는 돈 계산을 통해 큰 수를 인식하게 한다. 초등학교 고학년에 들어선 아이가 수학이 어려워졌다고 불평한다면 문제풀이 중심으로 공부를 시켰기 때문이다. 그보다는 개념 위주의 공부가 중요하며, 수에 대한 감각이 있어야 나중에 고등수학을 어려움 없이 해나갈 수 있다.

집중력 또한 없어서는 안 될 부분이다. 머리 나쁜 사람이 공부를 잘할 수는 있으나, 집중력 나쁜 사람이 공부를 잘하기는 힘들다고 한다. 집중력을 키워주기 위해 주산이나 바둑 등을 가르치기도 한다. 그러나 이러한 방법이 다 통하는 것은 아니다. 중학생이나 고등학생이 없는 시간을 쪼개서 주산이나 바둑을 배울 수는 없다. 생활 속에서 그리고 학습을 통해서 집중력을 길러야 한다. 《가난하다고 꿈조차 가난할 수는 없다》의 저자 김형근은 스톱워치를 사용하라고 권한다. 스톱워치로 10분을 맞춰놓고, 그 10분 동안 오롯이 공부에만 몰두하는 것이다. 이 시간에는 절대 다른 생각도 하지 않고, 휴대폰도 끄고, 공부에만 몰두한다. 이렇게 10분을 몰두할 수 있게 되면, 다음은 15분, 20분으로 늘려간다. 집중력이 30분인 아이들에게 2시간 동안 앉아서 공부하라고 하면, 나머지 1시간 30분은 무엇을 하고 있을까? 부모의 말이니 들어야 하는 착한(?) 아이들은 앉아서 딴 생각하고 휴대폰으로 문자를 주고받거나 졸거나 하며 시간을 보낼 것이다. 집중력이 짧은 아이들은 그 시간만큼만, 또는 그 시간보다 10분만 더 공부시키고 다른 것을 제시하는 것이 바람직하다. 공부는 앉아 있는 시간보다 공부한 양이 중요하므로, 얼마나 공부했는지 파악하는 것이 중요하다.

그리고 집중이 안 되는 아이들에게는 명상이 크게 도움이 된다. 종교가 있다면 공부를 하기 전에 기도를 하거나, 그렇지 않다면 주문을 외우는 것도 집중력을 높이는 방법이다. 원하는 목표를 되새긴다거나, 자신의 꿈을 상상하거나, 좌우명을 생각하는 것이다. 공부를 시작할 때 마음가짐을 어떻게 가지느냐에 따라서 공부의 양과 질은 많은 차이를 나타낸다.

미래 사회는 창의성이 주도한다

앞으로 국가의 미래는 창의적 인재 육성에 달려 있다. 얼마 전 서울에서 개최된 세계지식포럼에서 런던비즈니스스쿨(LBS)의 개리 하멜 교수는 "세계는 지식 기반 경제에서 창의성 기반 경제(Creativity based economy)로 나아가고 있다."라고 말함으로써 새로운 화두를 던졌다. 미래 사회는 지금까지와 달리 지식이 아닌 창의성이 주도할 것이며, 이에 맞춰 기업들도 창의성을 배양해야 한다는 것이다. 하멜 교수의 이 말은 비단 기업들뿐만 아니라 우리 교육계에도 시사하는 바가 크다.

세계가 지식 기반 경제에서 창의력 기반 경제로 나아간다는 것은 무슨 뜻일까? 개인의 창의적 사고력이 발휘된 사례를 통해 그 근거를 찾아보자. 컴퓨터 운영체제를 개발해 막대한 부와 경쟁력 있는 지식을 축적하고 있는 마이크로소프트, 소비자의 요구를 파악하여 사용자가 원하는 기능을 반영한 제품 개발로 세계 시장을 넓혀 나가는 애플의 아이팟, 전 세계에 수억 권이 팔린 조앤 롤링의 해리포터 시리즈, 월트 디즈니의 미키 마우스 캐릭터 상품 등 상상력과 결합된 다양한 제품들이 우리 주위에 가득하다. 그렇게 멀리서 찾지 않아도 된다. 편의점의 '삼각 김밥'만 해도 창의적 사고의 산물이라 할 수 있다. 스티븐 스필버그 감독이 영화 한 편으로 국내 자동차 회사가 1년간 벌어들이는 것과 비슷한 수입을 올리고, 마이크로소프트의 빌 게이츠 전 회장이 웬만한 한 나라의 국민총생산액과 맞먹는 수입을 올리는 것과 같이, 부를 창출하기 위해서는 반드시 과학기술을 개발하는 것만이 아니라 디자인, 문학, 문화 콘텐츠 등 모든 분야에서 창의적 사고력이 필요하다.

창의력이란 무엇인가? 창의력이란 자신의 생각을 외부로부터 주어진 하나의 틀에 맞추지 않고 자유롭게 표현하는 능력을 말한다. 창의력 연구의 대가로 불리는 미국 J. P. 길포드 박사에 따르면, 창의력은 민감성·유창성·유연성·독창성·정교성이라는 다섯 요소로 구성되어 있다. 여기서 민감성은 새로운 문제를 감지해 민감하게 반응하는 능력, 유창성은 짧은 시간에 다양한 아이디어와 해결책을 생각해내는 능력을 말한다. 또한 유연성은 정형화된 사고의 틀을 깨는 능력, 독창성은 참신하고 독특한 발상 능력, 그리고 정교성은 이렇게 얻어진 추상적 아이디어를 체계화하고 구체화하는 능력이다. 쉽게 말해 창의적 인재는 자신의 경험과 지식을 바탕으로 새로운 문제를 찾아내고, 그에 대해 독창적 해결책을 제시하며, 가치 있는 결과물을 창출하는 사람이라고 할 수 있다. 이러한 인재를 중시하는 추세는 아마도 고교 입시나 대학 입시에도 상당한 영향을 미칠 것이다. 다시 말해 어떤 문제에 대해 자신만의 독창적인 해결책을 제시하라는 유형의 질문이 갈수록 많아지고 있다. 그렇다면 창의력을 어떻게 개발할 것인가?

창의력을 갖기 위해서는 우선 많이 보고 듣고 느끼고 체험해야 한다. 그래서 아이들과 박물관, 전시회 그리고 공연 등을 자주 관람하고 체험하라고 권하고 싶다. 이처럼 체험을 충분히 한 뒤에는 스스로 비판할 수 있는 능력과 사고력을 갖춰야 한다. 그러기 위해서는 우선 사실과 의견을 구분할 줄 알아야 하며, 토론을 통해 사고력을 키워나가도록 한다.

◈ 공부 기억력을 정복하기 위한 예습 · 복습

인간의 기억력은 한계가 있다. 공부는 '학(學)'과 '습(習)'이 적절히 조화를 이루어야 한다. 배우기만 하고 익히지 않은 공부는 머릿속에 남지 않는다. 적어도 배우는 것과 익히는 비율이 1:1로 되어야 하는데, 우리 아이들은 배운 것을 익힐 시간이 없다. 무엇보다 가장 효과적인 공부 방법은 예습과 복습을 최대한 활용하는 것이다.

예습하기

예습은 전날에 다음날 공부할 과목 중에서 자신 있는 과목 위주로 시작한다. 최소한 한 과목당 10분이면 충분하다. 예습은 호기심을 유발하고 모르는 것을 잘 파악해서 본 수업 때 집중하게 하는 중요한 과정이다.

먼저 공부할 과목의 제목을 읽고, 그 다음에 소제목을 읽으면서(되도록 외운다) 학습 개요를 파악하는 것만으로도 충분한 예습 효과를 얻을 수 있다.

복습하기

예습보다 더 중요한 것은 복습이다. 복습은 평상시에 최소한 세 번을 해야 하는데, 배우자마자 쉬는 시간에 5분 흘깃 보기와 그날 저녁에 복습하기 그리고 주말에 일주일간 배운 것 복습하기다. 이렇게 하면 시험공부가 수월해지고 고득점을 맞을 확률이 높아지는 것은 당연하다. 복습할 때 주의할 점은 생각 없이 그냥 보면서 외우는 것이 아니라 수업을 연상하면서 공부하는 것이다. 즉 수업을 반복해서 3번 하는 것과 같은 효과를 볼 수 있도록 공부해야 한다. 이렇게 하기 위해서는 수업을 소홀히 하면 안 된다는 것도 학생 스스로 알게 될 것이다.

공부 효과를 높이는 방법

1. 공부하기 전에 피아노를 치거나, 손가락 운동을 한다.

2. 공부를 시작하기 바로 전에 명상을 하거나 주문을 외운다. 미래의 자신을 상상한다.

미래의 자신의 모습을 구체적으로 적어보자.

____

____

____

____

____

____

____

____

____

3. 공부를 마친 후 5분 동안 공부한 내용을 머릿속에 그려보며 정리한다.

03

독서 역량
독서의 신이 공부의 신

"독서는 완성된 사람을 만들고, 담론은 재치 있는 사람을 만들고, 필기는 정확한 사람을 만든다."
– 프랜시스 베이컨

공신은 독서광

'공부의 신'들이 공통으로 갖고 있는 취미는 무엇일까? 1988년부터 일본 초·중·고등학교에서 아침독서운동을 펼쳐온 하야시 히로시 씨는, 아침독서가 아이들에게 집중력을 길러주고 책을 읽는 모든 아이의 학력이 향상되는 등 일상생활에까지 긍정적인 변화를 가져다주었다고 한다. 이런 점들이 우리나라에도 소개되면서 한때 우리나라에서도 아침독서운동이 전개되었다. 그 후 어린이도서연구회가 생기고 책읽기가 보편화되었다. 그러나 독서에 대한 교육계나 사회

전반적인 풍토는 아직도 미흡한 점이 많다.

입학사정관제로 대변되는 새로운 입시 제도는 논리적 사고력을 평가 항목에 포함하는 점이 두드러진 특징이다. 아이들이 문제에 대해 논리적으로 사고하고 종합적으로 분석하고 평가할 수 있게 하려면, 어릴 적부터 독서하고 토론하는 습관을 길러야 한다.

이러한 방향은 우리 교육이 핀란드나 프랑스, 미국과 같은 서구 선진국을 닮아가고 있음을 의미한다. 최근 관심의 대상이 되고 있는 핀란드식 교육은 독서와 사고력을 매우 중시한다. 특히 읽기를 가장 중시한다. 단순히 지식을 축적하는 것이 아니라 생각하는 힘을 기르는 데 중점을 둔 교육법과 습관화된 독서, 높은 도서관 활용 시스템으로 읽고 쓰는 능력이 세계에서 가장 뛰어난 학생들을 길러냈다.

독서란 '책'이라는 도구를 사용하는 기술이다. 독서는 다른 사람, 즉 저술가의 지식을 체계적으로 습득하는 과정이다. 그러나 사람들은 책을 사용하는 방법에 대해 너무 어렵게 생각한다. 한 번도 독서하는 방법에 대해 제대로 배우지 못했기 때문이다. 최근 들어 속독법을 배우는 학생들이 늘어나고 있지만, 전체 독서 인구의 1퍼센트 정도 될까 말까 할 정도로 여전히 소수이다. 심지어 속독과 정독에 대해서 제대로 구분하지 못하는 경우가 다수이다. 독서를 단순히 빨리 읽느냐 아니면 제대로 읽느냐로 구분할 것이 아니라, 빨리 읽으면서도 제대로 읽을 줄 아는 것이 중요하다.

무엇보다 중요한 사실은 공부를 잘한 사람 치고 책을 싫어한 사람이 없다는 점이다. 또 성공한 사람 치고 책을 멀리한 사람도 없다. 안철수 교수만 하더라도 초등학교 시절에 학교 도서관의 책을 모두 읽었을 정도로 책벌레였다고 한다. 증권 분석하는 시골의사로 유명한 박경철 씨의 경우도 책벌레로 유명하다. 이들은 자신의 전공인 의학에 덧붙여 한 사람은 컴퓨터 백신 개발에 성공하였고, 또 한 사람은 재테크 전문가로 통한다. 이 모두가 책을 늘 끼고 사는 책 읽는 습관 덕분이다.

대한민국 상위 0.1퍼센트에 속하는 학생들의 가장 큰 공통점 역시 독서였다. 학생들마다 공부하는 방법이 조금씩 다르지만, 변하지 않는 법칙은 역시 책 읽는 습관이었다. 어릴 때부터 아주 많은 독서를 해왔다는 공통점이 있다. 단언하건대 독서를 별로 하지 않았는데 최고인 학생은 없다. 모두들 초등학교 때부터 많은 독서를 했으며 책 읽기를 좋아하고 책 읽는 습관이 배어 있어서 그 습관으로 신문을 읽고 교과서를 읽고 잡지를 읽고 나아가 세상을 읽어간다. 책 속에서 지식을 얻고 나아가 주제를 파악하고 문제를 인식할 줄 알게 되면 문제를 해결할 능력까지도 키울 수 있기 때문이다.

그들은 책 읽는 습관 덕분에 국어 공부를 어렵지 않게 하고 있었으며, 논리력과 문제 해결 능력을 확인하는 수학 또한 별 어려움 없이 해나가고 있었다. 국어를 잘하는 아이가 수학도 잘하고 영어도 잘한다는 것을 증명해주었는데, 그 힘은 학생들의 공통점, 독서에서 나왔다. 그야말로 독서의 힘은 정말 대단하다는 생각을 떨칠 수 없게 하는 사례들이 학생들과의 인터뷰를 통해서 모아졌다.

경기외고 중국어과의 한 학생은 어렸을 때부터 엄마가 책을 읽어 주어야 잠이 드는 학생이었는데, 글을 읽기 시작하고부터는 일단 읽기 시작한 책은 끝까지 읽어야 자리에서 일어날 정도로 책에 푹 빠져들었다. 성경책을 처음 접한 날은 다음 내용이 궁금해서 화장실에 가는 것도 잊고 책읽기에 빠져들었다가 실수를 할 뻔한 적도 있었단다. 초등학교 3학년 때는 더 많은 책을 읽고 싶어서 속독을 배웠고, 1년 정도 속독을 공부한 다음부터는 1분에 네다섯 쪽을 읽는 속도로 매일 한 권씩 책을 읽었다고 한다. 또한 《삼국지》 같은 흥미로운 책은 몇 번째 권에 어떤 내용이 있는지 일일이 기억할 정도로 수십 번씩 반복해서 읽었다고 한다.

주위에서 초등학교 때 별로 성적이 좋지 않은 아이였으나, 중학교 때 중상위권을 유지하더니 고등학교 때 좋은 성적을 받고 좋은 대학에 간 아이들 이야기를 종종 듣는다. 그만큼 독서의 힘이 크다는 것이다. 이 정도로 공부와 독서가 연관성이 크다면, 책을 무척이나 싫어하는 아이의 미래도 대략 예측해볼 수 있지 않을까? 상위권 진입은 어려울 듯하고, 지금 잘하고 있더라도 고등학교에서 고전할 가능성이 높을 것이다. <u>그러므로 책을 싫어하는 아이라면 흥미 위주의 책부터 읽게 하고, 나이보다 수준이 낮은 책이라도 꾸준히 읽히는 것이 매우 중요하다.</u>

반대로 아이가 성적은 별로지만 책을 많이 읽는 아이라면? 앞으로 공부 습관만 잘 들이면 상위권 진입이 어렵지 않을 것이고, 얼마 안 가서 공부하는 만큼 성적이 나오는 성취감을 느낄 수 있을 것이다.

책과 친한 아이는 책과 친한 집에서

아이들이 책과 친숙하게 하기 위해서는 어떻게 해야 할까? 답은 아마 부모들 누구나 잘 알고 있을 듯하다. 결론은 가정을 도서관처럼 만들고, 우선 부모가 책과 친해져야 한다. 부모는 날마다 텔레비전 드라마나 야구 중계에 빠져 살면서 아이들에게 책을 읽으라고 한다면 잔소리밖에 안 된다. 그러니 부모가 먼저 텔레비전을 멀리하는 연습을 하라. 한동안 멍하니 지내더라도 텔레비전이 없는 집안 분위기부터 만들어보라. 그리고 가족들의 도서 구입 목록을 작성해보라. 시간적 여유가 있다면 주말에 가족들이 다 같이 큰 서점으로 나들이를 가도 좋다. 날마다 밤이나 아침에 30분씩 아이들과 함께 책 읽는 습관을 들인다면 더할 나위가 없다.

어릴 적부터 책이나 토론을 자주 접한 사람은 글쓰기에 부담을 느끼지 않고 자기를 표현하는 수단으로 자연스럽게 받아들인다. 앞으로 논술시험과 구술시험을 잘 치르기 위해서는 프랑스 학생들처럼 우리나라 학생들도 100권 이상의 고전을 읽어놓지 않으면 안 된다. 기초 학업 성적과 스펙 쌓기도 중요하지만, 오랜 기간 사고력을 키우는 훈련을 병행해야만 한다. 입학사정관제에서는 독

<u>서에 관한 경험을 적은 서류도 작성해야 한다는 점을 잊지 말</u>
<u>아야 한다.</u>

■ 동서양 고전 목록

서명	저자	서명	저자
대승기신론소	원효	멕베드	셰익스피어
삼국유사	일연	국부론	아담 스미스
화담집	서경덕	미국의 민주주의	A. 토크빌
성학십도	이황	공산당 선언	마르크스 · 엥겔스
성호사설	이익	시민의 반항	헨리 데이비드 소로
택리지	이중환	이반 일리치의 죽음	톨스토이
목민심서	정약용	오딧세이	호메로스
북학의	박제가	니코마코스 윤리학	아리스토텔레스
매천야록	황현	햄릿	셰익스피어
조선상고사	신채호	리바이어던	토머스 홉스
논어	공자	걸리버 여행기	조나단 스위프트
맹자	맹자	인간 불평등 기원론	루소
대학	증자	자유론	J. S. 밀
중용	자사	허클베리 핀의 모험	마크 트웨인
도덕경	노자	카라마조프 가의 형제들	도스토예프스키
장자	장자	명상록	아우렐리우스
순자	순자	백경	허먼 멜빌
한비자	한비자	캔터베리 이야기	제프리 초서
육조단경	혜능	역사철학	G. W. F. 헤겔
사기열전	사마천	파우스트	괴테
소크라테스의 변명	플라톤	꿈의 해석	프로이트
안티고네	소포클레스	자본론	마르크스
정치학	아리스토텔레스	종의 기원	찰스 다윈
플루타르크 영웅전	플루타르크	군주론	마키아벨리
군주론	마키아벨리		

그렇다면 어떻게 독서를 해야 할까? 같은 나이의 아이라도 성격과 경험, 환경에 따라 독서 성향이 다르다. 따라서 아이에게 책 읽는 습관을 익히도록 하기 위해서는 먼저 아이의 책에 대한 친밀도가 어느 정도인지 또 어떤 책을 주로 즐겨 읽는지를 살펴보아야 한다. 그리고 책의 내용을 잘 파악하고 있는지에 대해서도 알아볼 필요가 있다.

책에 관심이 없는 아이거나 어린 아이일수록 책에 대한 흥미를 갖도록 유도하는 것이 중요하다. 그러기 위해서는 가급적 이해하기 쉬운 책부터, 그리고 다양한 책을 권하는 것이 좋다. 아이의 흥미를 유발하기 위해서는 친구나 가족끼리 서점에 가서 다 같이 직접 책을 고르는 기회를 마련하는 것이 좋다. 특히 우리 아이들은 외국에 비해 위인전을 적게 읽는다. 가급적 아이들이 위인전을 많이 읽도록 유도하라. 왜냐하면 아이들의 인생에 가장 영향을 많이 미치는 것이 위인들의 이야기이기 때문이다. 위인들의 책을 읽고 위인들을 스승으로 삼고 그들에 대해 생각하게 하는 것이야말로 아이들을 리더로 키우는 가장 핵심적인 과정이다. 그러니 부모가 먼저 위인들의 삶과 친숙해지기를 권한다.

아이가 책에 흥미를 느끼게 되면, 그 다음에는 문제의식을 갖고 책이나 글을 읽도록 이끌어야 한다. 같은 주제에 대해 사람에 따라 견해의 차이가 드러나는 것을 아이가 스스로 느끼게 하면, 지적 호기심이 배가될 뿐 아니라 더욱 창의적인 아이가 될 수 있다.

아울러 책을 읽을 때 중요한 부분에 밑줄을 긋거나 메모하는 습관, 책을 읽은 후에는 짧게라도 반드시 읽은 소감과 느낌을 적는 습관을 들이도록 유도하는 것이 좋다. 그러나 너무 부담을 가지고 억지로 쓰게 한다면 오히려 역효과가 나타날 수 있으니 유의하기 바란다.

오늘의 현실에서 가장 아쉬운 점은 아이들이 동서양 고전을 읽을 시간이 없다는 점이다. 학교와 학원에 다니느라 바빠서 독서, 특히 고전 읽기를 소홀히 한다. 학원 가는 시간을 줄여서라도, 특히 중학교 시절에는 아이들에게 책 읽을 여유를 주어야 한다. 그것이 고등학교, 대학교에 진학하여 진짜 실력을 발휘할 수 있는 튼튼한 기반이 되기 때문이다. 대학에서 하는 공부는 '인간다운 삶'이라는 근원적이고 존재론적인 질문에 대한 해답을 찾아가는 과정이다. 그러기 위해서는 사유의 기본 토양이 되는 기본 역량들이 준비되어 있어야 한다. 동서양의 고전을 두루 읽으면서 체화시킨 간접 경험들이 없다면, 대학은 자기가 무엇을 하고 싶은지조차 모르는 학생들로 넘쳐날 것이다.

통섭을 요구하는 사회

미래 사회에 필요한 인재가 되기 위해서는 한 분야에만 해박한 것보다 다양한 학문 분야를 두루 섭렵해야 한다. 인문학이 자연과학적 지식의 도움을 받고 또 반대로 자연과학이 인문학에 의해 인도되어야 하는 것은, 입시에 대비한다는 즉자적인 요구 때문이 아니라 여러 문화가 국경 없이 넘나드는 다문화 시대를 살아가기 위해서는 지적 유연성을 갖추는 일이 반드시 필요하기 때문이다.

세계적인 디자인컨설팅 회사인 디자인컨티늄의 댄 부크너 부사장은 자신의 '창조경영론'을 통해, "창의적 인재는 전혀 관련이 없어 보이는 영역들을 넘나든 경력의 소유자들이 대부분"이라며 "공과대학을 나와 작곡을 하고 요리사를 하다가 입사한 신입사원들이 매우 창조적"이라는 인재관을 제시했다. 여러 기술이나 성능이 하나로 융합되거나 합쳐지는 이른바 '컨버전스(convergence)'의 시대에는 낯선 것을 결합하여 지혜와 영역을 전이시킬 수 있는 능력이 필요하다는 것이다. 취업 관련 기사에서도 비슷한 내용이 소개된다. '이제는 기업들이 공인시험 고득점자, 외국어 능통자에서 더 나아가 문학과 예술 소양을 갖춘 인재를 선호한다.'

실제로 우리 사회에서도 비슷한 경향을 보인다. 가령 의과대학을 나온 사람이 법학 전문 대학원에 진학하거나 경영학 대학원에 진학하는 경우가 많은데, 굳이 의과 대학을 나와서 카이스트 교수가 된 안철수 씨나 시골 의사 박경철 씨의 예를 들지 않더라도 그들은 아마 의료 관련 소송을 전담하는 변호사가 되거나 큰 병원을 경영하는 경영인이 될 수 있을 것이다. 혹은 자동차를 만드는 사람들도 이제는 디자인 감각까지 겸비해야 할지도 모른다. 미래의 인재들은 복합적 지식의 소유자여야 한다.

아이들이 그러한 지적인 유연성을 갖기 위해서 무엇이 필요할까? 첫째는 두 개의 서로 다른 영역을 결합하는 상상력이고, 둘째는 영역을 뛰어넘는 독서이다. 인문학뿐 아니라 자연과학에 대해서도 두루 해박한 지식을 갖춰야 창의적이고 새로운 대안과 해결책을 제시할 수 있기 때문이다. 따라서 부모들이 할 일은 아이들에게 상상할 수 있는 계기를 만들어주고, 다양하고 균형 잡힌 읽을거리를 제공하는 것이다.

"아, 그렇구나"로 개발되는 자기표현 능력

공부를 잘 하는 아이들은 적극적 자기표현에 능하다. 또한 자기표현과 주장 행동을 적극적으로 잘하는 아이는 질문과 발표에 능하여 학교 사회에서 반장과 같은 리더가 될 가능성이 높을 뿐 아니라, 다양한 유혹을 뿌리치고 자기가 원래 세운 계획대로 생활할 수 있는 자기관리 능력이 뛰어난 경우가 많다. 좋은 계획을 세웠다가도 친구들의 제안과 유혹을 뿌리치지 못해 계획과 다른 선택을 하는 아이들이 얼마나 많은가? 바로 자기 자신의 의견을 표현하지 않는 습관에서 온 결과이다.

그렇다면 도대체 적극적으로 자기를 표현하는 것과 공부를 잘하는 것이 무슨 상관이란 말인가? 그것은 유대인들의 교육철학을 보면 잘 알 수 있다. 유대 속담에 '내성적인 어린이는 배우지 못한다.'

라는 말이 있다. 이 말은 내성적인 어린이가 공부를 잘 못한다는 뜻이 아니라, 부끄러움이 많아 사람들 앞에서 얌전하게 있기만 하면 깊이 있는 학문을 하기 어렵다는 뜻이다. 달리 말해 질문을 하지 않는 어린이는 그만큼 배움이 늦다. 실제로 유대인 사회에서 명망 있는 랍비가 되기 위해서는 내성적이거나 얌전한 것이 미덕이 아니라, 자신의 생각을 분명하게 말하는 것이 덕이자 조건이다. 침묵하는 것은 배움을 거절하는 것, 곧 지식에 대한 욕구가 결여된 것으로 간주한다.

자녀들에게 적극적으로 자기를 표현할 줄 알게 가르치는 것은 부모들의 임무 중 매우 중요한 영역이다. 자신이 표현하고 싶은 것에는 자신의 권리, 욕구, 의견, 생각, 느낌 등이 있는데, 긍정적인 것과 부정적인 것이 모두 포함될 수 있다. 더 구체적으로 이야기하면, 상대방의 행동이 훌륭하거나 고마울 때 그에 대해 긍정적으로 말해주는 것, 상대방에게 부탁하고 싶을 때 능동적으로 부탁하는 것, 상대방의 요구를 받아들이고 싶지 않을 때 거절하는 것, 상대방의 행동이 못마땅할 때 부정적인 감정을 표현하는 것 등을 모두 포함하며, 이러한 행동은 '주장 행동'이라고 한다.

우리가 적극적으로 자기를 표현하지 못하는 이유 중의 하나는, 자신이 주위 사람들로부터 좋은 평가를 받지 못할까 봐 두려워하기 때문이다. 그러나 그렇다고 거기에만 머물러 있으면 평생 바보스럽게 사는 것이다. 부모는 적극적으로 자신을 표현하는 아이를 자랑스럽게 생각해야 하며 칭찬해주고 대응해주어야 한다. 실제로 아이들은 환경에 따라 자기를 표현하는 능력이 말하고 쓰고 토론하는 능력으로 발달하기도 하고, 주위의 반응에 의해 이러한 능력이 퇴화하기도 한다. 따라서 주위의 반응이 그만큼 중요하다. 만약 이러한 능력이 부족하다면 부모는 그 부분을 키워주기 위해서 노력해야 한다. 아이가 자기의 감정을 표현할 때 그 표현이 비록 부정적 언어일지라도 그 마음을 인정해주고 이해해줘야 한다. 될 수 있으면 "아, 그렇구나!", "속상했겠구나!", "힘들었겠구나!"라는 문장을 많이 쓰는 부모가 되어야 한다. 이것을 '구나 어법'이라고 이름 붙여보았다.

고양이와도 토론 연습한 오프라 윈프리

'토론(debate)'이란 정해진 규칙에 따라 긍정과 부정으로 대립하는 두 팀이 주어진 논제에 대해 논거에 의한 주장과 이에 대한 검증, 의논을 되풀이함으로써 이성적 판단을 내리는 과정이다. 토론은 대립되는 의견이 있음을 인정하고 주어진 논제에 대해 자신의 입장이나 해답을 분명히 하고 타인을 설득하는 것이 목적이다. 따라서 토론에서는 사실·논거·근거에 의해 자기 주장을 이성적으로 관철해야 한다.

입시와 관련해서 볼 때 토론은 논술의 전 단계이자 논술 능력을 키우는 최우선의 방법이다. 입학사정관 전형에서 토론 평가는 점차 확대될 것으로 전망된다. 아직까지 개별 대학의 입학사정관 수가 적고 경험이 일천한 탓에 토론 평가로 선발하는 전형과 인원을 제한하고 있지만, 객관성과 공정성을 높이고 학생들의 잠재력을 제대로 평가하는 최선의 방법이기 때문이다.

이처럼 토론 능력은 갈수록 중요해지고 있다. 토론을 잘하기 위해서는 우선 말하기 연습부터 잘해야 한다. 미국에서 가장 유명한 여성 방송인인 오프라 윈프리는 어려서부터 말하는 능력을 꾸준히 길러왔다고 한다. 그녀는 말하는 일이라면 무엇이든 맡아 했고, 심지어 고양이나 개에게도 말을 걸어 연습했다고 한다.

가정에서의 토론은 먼저 부모와 자식 사이 또는 형제간의 대화에서부터 시작한다. 읽은 책을 소재로 해도 좋고, 뉴스에 나온 사건을 소재로 해도 좋다. 또는 학교에서 일어난 일이나 드라마를 보고서도 대화를 나누고 서로의 의견을 펼칠 수 있다. 이때 부모는 질문을 통해 아이가 생각하는 힘을 기를 수 있게 하고, 자신의 의견을 논리적으로 표현하도록 유도한다. '왜'라는 말이 이런 상황에서 가장 많이 쓰이는 단어가 될 것이다. 평소에 이런 습관을 들이지 않으면 아이들은 사고하는 기능을 발휘하지 못한다. 아무리 책을 많이 읽는 아이라 할지라도 누가 그 아이의 생각을 밖으로 꺼내주지 않으면, 읽는 것에서 멈추고 더는 발전하지 않을 수 있다. 항상 아이들을 생각하게 하고 생각을 말할 수 있게 하라. 그럼으로써 '왜 그렇게 생각하는지' 이유를 피력하게 하여 자신의 생각을 정리하고 다른 사람을 설득하는 힘을 길러주어야 한다.

또한 이때 간과해서는 안 될 것이 바로 다른 사람의 의견을 경청하는 것이다. 제대로 경청하는 법을 가르치지 않으면, 자신의 의견만 옳다고 우겨대는 아이로 만들 수 있다. 대화의 목적이 설득이든지 이해든지 우선되어야 할 것은 경청이다. 경청은 잘 듣는 것이다. 그냥 들리는 대로 듣는 것이 아니다. 바른 자세로 눈을 마주하고 마음을 다해 적극적으로 듣는 것을 말한다.

자기주도학습 컨설팅 기업인 티엠디(TMD) 교육그룹에 의하면 상위 1퍼센트 학생들의 학습 성향을 진단한 결과, 그중에서 다른 학생들보다 월등히 높은 부분은 공부 희열도도 아니고 핵심 파악 능력도 아니고 바로 발표 및 토론 능력이었다고 한다.

◆ 독서와 토론 능력 키우기

1. 가족 독서 카페 운영하기 아이가 독서하는 습관과 취미를 느낄 수 있도록 가족 구성원 각자가 한 주간 읽은 책의 내용과 독후감을 인터넷 카페를 통해서 공유해보자.

   *** 카페 카테고리**
1) 아빠의 독서노트
2) 엄마의 독서노트
3) 나의 독서노트

2. 집 근처 서점으로 나들이하기 주말에 가족이 미리 작성한 도서 구입 목록을 가지고 집 근처 서점으로 나들이를 간다.

3. 주간별 쟁점 토론하기 먼저 한 주간에 가장 관심 있었던 뉴스나 여론에서 가장 주목을 받은 주제를 선정하여 가족끼리 찬성 측과 반대 측으로 나누어 토론해보자. 이때 평소의 생각과 반대되는 주장도 펼쳐보도록 지도하면 문제에 대한 이해의 폭이 커진다.

4. 우화를 읽고 이야기하기 가령 초등학생의 경우에 이솝우화를 한 가지씩 읽게 한 다음에 느낀 점을 말하게 한다.

예 《이솝우화》 〈배가 부른 늑대와 어린 양〉
먹이를 잔뜩 먹어 배가 부른 늑대가 어린 양과 마주치게 되었다. 가엾은 어린 양은 너무 무서워 꼼짝 못하고 벌벌 떨고 있었다. 배가 불러 굳이 어린 양을 잡아먹을 마음이 없던 늑대는 어린 양에게 한 가지 제안을 했다. 만일 자기에게 진실을 세 가지 말한다면 잡아먹지 않겠다는 것이다. 어린 양은 다시는 늑대를 마주치지 않았으면 좋겠다고 말했다. 그리고 늑대가 눈이 멀었으면 좋겠다고 말했다. 마지막으로 늑대들이 모두 죽어버려서 양들이 늑대를 만날까 걱정하지 않고 살았으면 좋겠다고 말했다. 늑대는 어린양의 말이 모두 진실이라고 인정하고, 어린양을 살려주었다.

〈1단계〉 이 이야기가 말하고자 하는 것이 무엇인가를 말해보도록 한다.

(답변) 어린 양이 용감한 것 같아요. 저 같으면 늑대를 존경하고 사랑한다고 거짓말 하다가 결국에는 늑대에게 잡아먹혔을 거예요.

〈2단계〉 관점을 달리해서 아이가 평소 진실이라고 생각하는 것이 무엇인지도 물어본다.

(답변)

〈3단계〉 고학년인 경우에는 '만약 세상 사람들이 진실만을 말하며 살아가야 한다면 사람들의 삶은 어떠할 것인가?' 같은 점차 어려운 문제를 제시한다.

(답변)

〈4단계〉 인터넷이나 책을 통해 논술이나 구술의 기출문제 중에서 비슷한 문제를 함께 풀어보면 아이가 더 확신을 갖고 흥미를 느낀다.

04

학습 환경 역량

좋은 학습 환경이 주는 힘

"어린아이의 성격과 운명을 결정짓는 출발점은 가정환경과 외적 교제에 있다."

– 해리 F. 뱅크스

강남엄마 뛰어넘는 이웃되기

아이가 공부를 잘하기 위해, 그리고 한 사회의 리더로 자라나기 위해 필요한 역량 가운데 특히 부모의 역할이 중요한 것이 학습 환경 역량일 것이다. 학습 환경은 부모의 학력이나 지위, 재산 정도와 비례한다.

프랑스의 사회학자 부르디외는 각 개인이 공간적으로 차지하는 위치에 따라 촉진되는 사회적 접촉, 즉 이른바 '교제'의 질에 따라 문화적 특성이 달라진다고 주장한다. 부르디외가 말한 '사회관계 자본', 다시 말해 '인맥'의 개념은 부모들이 아이를 어떤 고등학교와 대학에 입학시킬 것인가를 고려할 때도 중요한 기준이 될 수 있다. 이제 경기고, 서울대가 최고이던 시대는 지나갔다. 물론 당분간 서울대는 명목상으로는 최고의 자리를 지킬 것이다. 그러나 외국 명문대로 1년에 수백 명씩 유학 보내는 현재의 추세가 지속된다면, 언제까지나 서울대가 최고의 학벌이라고 장담하기는 어려울 것이다. 따라서 지금 추세로 봐서는 대원외고, 아이비리그 출신 인맥들이 우리 사회에서 최고의 반열에 오를 날이 멀지 않았다.

우수한 부모에게 양육된 우수한 학생들이 주류 대열에 합류하고 싶은 욕구를 바탕으로 이른바 외고와 특목고에 몰리고 있는 현상을 어떻게 막을 수 있겠는가. 따라서 오늘날의 부모들은 맹모삼천지교처럼, 단순히 학군이나 교육 환경이 좋아서가 아니라 이웃이 좋아서 강남을 고집한다. 이웃이 좋으면 학군은 저절로 좋아지기 마련이다. 이제 좋은 이웃이란 단순히 마음이 착한 이웃을 뜻하지 않는다. 의사, 변호사, 교수, 그리고 대기업 임원, 즉 돈 많고 힘 있는 사람들을 뜻한다. 보도에 나왔듯이 이른바 외고나 특목고는 이들의 자녀와 손자, 손녀 들의 독무대가 되고 있다.

이렇게 좋은 부모를 이웃으로 선택하는 방법도 있지만, 자신이 좋은 부모, 좋은 이웃이 되는 방법도 있다. 돈 없고 힘없는 평범한 부모라고 기죽을 필요가 없다. 다행스럽게도 아이들이 좋은 성적을 올리고 좋은 대학에 가는 것은, 꼭 부모의 재산 정도가 상위 몇 퍼센트에 들거나 아이 밑에 돈을 쏟아 부어야만 가능한 일이 아니기 때문이다. 실제로 세계적으로 훌륭한 아이를 키운 부모들을 조사한 결과, 부모의 사회적 지위나 재산 정도와 무관한 것으로 나타났다. 오히려 부자가 된 사람들 중에는 어릴 적에 가난했던 사람이 더 많았다. 그렇다면 아이들을 위해 어떤 환경을 만들어줘야 할까?

폭투 받아주는 든든한 포수가 있는 가정

문제는 부모가 아이에게 얼마나 정서적으로 안정된 그리고 공부하기에 친숙한 환경을 만들어주느냐에 달려 있다. 그중 근본적으로 가장 중요한 것이 '부부간의 사랑', '부모 자식 간의 대화', '아이와 함께하는 시간'이다.

아이들을 조사해보면 부부간의 사이가 좋고 나쁨에 따라 아이의 목표의식과 동기 부여가 달라짐을 알 수 있다. 그리고 부모가 아이에게 칭찬보다 꾸지람을 많이 하는 경우도 아이의 자존감에 막대한 영향을 미친다. 따라서 아이를 주도적이고 공부 잘하는 아이로 키우는 첫 번째 조건은 아이들 앞에서 부모가 서로 사랑하는 마음을 자연스럽게 표현하고, 또 부모 스스로 유쾌한 상태를 유지하는 것이다. 부모가 기분이 나쁜데 아이에게 어떻게 좋은 피드백을 할 수 있겠는가? 어려운 일이지만, 깊이 생각해볼 대목이다.

가정에 대화가 없고 부부간에 다툼이 많으면 아이가 집에 들어오기 싫어진다. 따라서 공부하려는 의지도 줄어들 뿐 아니라, 가족 이외의 존재인 친구의 유혹에 잘 빠진다. 또한 게임 중독이나 성인물에 대한 접근 가능성도 자연히 높아진다.

정서적으로 안정된 아이로 키우고 싶다면 가정의 분위기를 포근하게 만들어라. 그렇게 하기 위해서는, 야구에 비유하자면 부모가 포수와 같은 포지션을 유지해야 한다. 말하자면 투수인 아이들이 가끔 폭투를 던지더라도 공을 온몸으로 막아내야 한다. 가정은 아이들에게 에너지 충전소이자 쉼터로서 온전하게 기능해야 한다. 부모들은 우선 가정의 화목한 분위기야말로 아이들의 자존감을 높이는 가장 중요한 요소라는 사실을 깊이 인식해야 한다. 자존감이란 다른 사람에 의해 존중받고 있다는 느낌이다. 자신감과 달리 다른 사람에 의해 형성된다는 점에 주목해야 한다. 쉽게 말해 자존감이 높은 아이는 '부모가 나를 매우 사랑하고 있으며, 나의 행동에 대해 따뜻한 관심을 보내준다고 굳게 믿고 있는' 아이라고 할 수 있다. 이런 아이들은 일시적으로 성적이 뒤쳐질 수 있으나 언제든지 앞서 나갈 수 있는 잠재력을 갖추고 있다.

반면에 자존감이 낮은 아이는 부모에게 버림받았다고 생각하며, 나아가 자신을 소중하지 않다고 느낀다. 자존감이 낮은 아이일수록 함부로 말하고 행동한다. 또한 경우에 따라서 부모의 관심을 끌기 위해 나쁜 행동도 일삼을 수 있다. 조직 폭력배들이 흔히 술자리에서 남에게 시비를 걸고 폭력을 휘두르는 원인이, 남들이 자신을 무시할 것이라는 자격지심에 있다는 사실도 이와 궤를 같이한다. 부부

싸움이 잦거나, 아버지가 아이에게 폭력을 행사하거나, 아이의 자존심을 건드리는 말을 자주하는 것은 아이들에게 치명적인 상처를 입히는 꼴이 된다. 평온하고 안락한 가정은 아이들에게 엄청나게 중요한 요소라는 사실을 잊지 말아야 한다.

또한 가정을 가급적 웃음이 있는 공간으로 만들라고 충고하고 싶다. 웃음은 21세기를 살아가는 데 약방의 감초처럼 없어서는 안 되는 매우 귀중한 요소이다. 어쩌면 그것은 우리 사회가 그만큼 스트레스를 양산하는 사회이며, 피도 눈물도 없이 메마른 사회라는 뜻도 된다. 최근 들어 암 환자들이 늘어나는 것도 이 시대의 냉혹한 현실 때문에 인간들이 얼마나 힘들어하고 있는지를 잘 보여준다.

이러한 환경의 대안으로 등장한 것이 '웃음 치료'이다. 웃음을 통해서 병도 고칠 수 있다고 한다. 그래서 어떤 사람들은 집안에 '웃음 지대'라는 것을 만들어놓고 매일 그곳에서 억지로라도 웃는다고 한다. 랄프 왈도 애머슨이라는 사람은 성공을 '자주 그리고 많이 웃는 것'이라고 했고, 중국에는 '웃을 준비가 되어 있지 않은 사람은 가게 문을 열지 마라.'라는 속담도 있다. 그만큼 웃음은 우리 모두의 건강을 위해 반드시 필요한 요소다.

미래 사회는 유머 감각이 풍부한 사람이 인기를 누리고 성공적인 삶을 사는 세상이다. 그리고 리더가 꼭 갖춰야 할 덕목 중의 하나도 유머임을 잊지 마라. 유머는 단지 음담패설을 지껄이는 것과 다르다. 세상을 낙관적이고 여유 있게 보는 것은 위대한 리더들의 공통

적인 특성이다. 전쟁 시기에 영국을 이끈 윈스턴 처칠이나 미국의
링컨 대통령처럼 어려운 시기를 헤쳐나간 위대한 지도자들은 어려
운 때일수록 유머 감각을 잃지 않았다는 사실을 주목하라.

하루를 밤 10시부터 시작하라

　부모가 아이를 위해 환경을 쾌적하게 만드는 것은 매우 당연한 일
이다. 그렇다면 어떤 것부터 시작해야 할까? 우선 잠자는 환경을 만
드는 것에서 부터 하루 일과를 시작해보자. 밤 10시부터 잘 준비를
한다. 물론 밤 10시에 아이를 재우라는 말이 아니다. 그렇다면 왜 하
루 일과를 밤 10시부터 시작하라고 말하는가? 보통 아이들이 학교
나 학원에서 집으로 돌아오기 시작하는 시간을 기준으로 하루 일과
를 시작하라는 뜻이다. 밤 10시가 되면 집안 분위기를 차분하게 만
들고 텔레비전을 꺼두는 것이 좋다. 아이들을 따뜻하게 맞이하고 약
간의 정다운 대화를 나누다가 아이가 가급적 편안하고 행복한 마음
으로 잠자리에 들 수 있는 환경을 조성하라. 그리고 그것을 하루 일
과의 시작으로 생각하라는 것이다.

　왜 일어나는 시간이 아니라 잠자리에 드는 시간이 하루의 시작이
어야 할까? 배터리가 있는 전자제품을 새로 샀을 때를 떠올리면 쉽
게 이해할 수 있다. 제일 처음에 해야 할 일은 배터리 충전이다. 사
람도 마찬가지다. 사람의 생활도 잠자는 것부터 시작되어야 한다.

배터리를 제대로 충전해야 전자제품을 문제없이 사용할 수 있듯이, 잠을 어떻게 잤느냐가 다음날의 하루를 좌우하기 때문이다.

사실 요즈음 아이들은 학교나 학원에서 집으로 돌아와도 다시 책상에 앉아 한두 시간씩 공부를 더하고 자는 것이 보통이다. 그러나 집에 돌아오면 가급적 빨리 잠자리에 드는 것이 좋다. 사람에 따라 기호가 다를 수 있지만 대체로 일찍 자고 일찍 일어나는 것이 더 나은 결과를 낳는다. 어느 것이 자연의 순리에 맞느냐가 중요하다. 몇 달 몇 년은 몰라도 장기적인 관점에서 볼 때 과연 어떤 식으로 사는 것이 건강하게 사는 것인가를 따지자면, 아침형 인간으로 사는 것이 저녁형 인간으로 사는 것보다 훨씬 건강하다. 그리고 성공한 사람 치고 아침형 인간이 아닌 사람이 그리 많지 않다는 점 또한 눈여겨봐야 한다. 흔히 말하는 일찍 자고 일찍 일어나는 어린이가 착한 어린이라는 말은 결코 괜한 말이 아니다. 부모들은 자녀들이 일찍 자고 일찍 일어날 수 있도록 자연스럽게 유도해야 한다. 그러기 위해서 부모 스스로 아침형 인간으로 탈바꿈해야 할 것이다.

사실 잠을 자는 것은 우수한 아이로 만드는 데 있어 상상 이상으로 매우 중요한 부분이다. 전문가들은 잠만 제대로 자도 행복과 성공을 얻을 수 있다고 말한다. 공부한 내용이 장기 기억으로 저장되는 것은 자면서 이루어진다고 한다. 따라서 반드시 숙면을 취해야 한다. 잠은 자는 시간보다 얼마나 숙면을 취했는가가 중요하다. 만약 잠이 충분하지 않다면 점심시간이나 쉬는 시간에 잠깐 자는 것도 좋은 습관이다. 자지 않고 공부하는 것보다 충분히 자면서 공부해야 효과가 좋다.

공부방을 디자인하라

공부하는 아이들 방에는 이것저것 물건이 많다. 침대도 있고 옷장도 있고 책상에 의자에 책장에 또 아이들의 여러 가지 물건들로 넘쳐난다. 그래서 아이들의 방은 아무리 치워도 끝이 없다고들 한다. 또 물건을 제자리에 놓지 않는 아이들의 방에는 벗어놓은 옷이 왜 그렇게 많은지……. 바닥에는 바지들이, 침대에는 벗어놓은 윗도리가, 의자에는 겉옷들이 쌓여간다. 아이들의 버릇을 고친다고 이렇게 산만한 방을 치워주지 않는 부모들도 있다. 하지만 그대로 놓아둔다고 해서 아이들의 나쁜 습관이 고쳐지는 것은 아니다. 대신 일주일에 한 번쯤은 자신의 방은 자신이 치우도록 시킨다.

이런 방에 들어가서 공부하라고 하면 공부가 잘 될까? 깨끗하고 상쾌한 분위기에서 공부해야 집중도 잘될 것이다. 그러나 아이들 스스로 방을 항상 깨끗이 하기는 힘들다. 그래서 평상시에는 청소를 해주는 것이 좋다.

그리고 책상은 되도록 창가에 두어서 공부하는 아이가 상쾌한 공기를 마시게 하고, 화분을 놓아 나쁜 공기를 완화시키도록 한다. 학습에 도움을 주는 색상은 파란색과 초록색이라고 한다. 벽지를 이러한 색상으로 꾸민다면 차분하면서도 안정된 공부방을 만들 수 있다. 아이의 방 벽지는 되도록 무늬가 없는 것으로 하되 아이들이 좋아하는 그림이나 동물, 사물 등이 그려진 포인트 스티커를 이용하면 개성 넘치는 공부방을 만들 수 있다.

창가에는 커튼을 꼭 달아주어야 빛의 강도를 조절할 수 있다. 책상과 의자는 아이의 신체에 맞는 것으로 골라 편안하고 바른 자세로 공부할 수 있도록 해준다. 책상은 원목이 좋다. 단 의자는 너무 푹신하거나 바퀴달린 것은 피하는 것이 좋다.

공부방의 조명은 가장 중요한 요소 중의 하나이다. 인간이 가지고 있는 오감 100퍼센트 중 시각이 87퍼센트를 차지한다. 본다는 것은 단지 눈에 보이는 것으로만 머무르는 것이 아니고 시공간 능력, 직관적 능력, 예술적 능력을 조정하므로, 조명의 조도와 분포를 적절하게 조절하면 눈의 피로가 줄고 피로가 회복되고 기분이 좋아지며 두뇌가 활성화된다. 빛은 눈과 관계하고 눈은 바로 공부하는 가장 중요한 수단이다. 눈이 피로하면 공부를 잘할 수 없다. 공부방의 밝기는 300럭스 이상의 형광등을 사용하라고 권한다. 방의 밝기와 책상의 밝기는 너무 많이 차이가 나면 눈이 빨리 피로해진다. 그러므로 방을 밝게 하고, 책상 위의 부분 조명도 500럭스에서 700럭스 정도의 백열등을 사용하는 것이 좋다. 가끔 어떤 아이들은 방의 조명을 모두 끄고 책상의 스탠드만 켜고 공부하는 경우도 있는데 이는 눈에 안 좋은 영향을 준다고 하니 삼가는 것이 좋다.

책상 위는 항상 깨끗하게 정리하는 습관을 들이도록 한다. 이것저것 너무 많은 책들이 쌓여 있으면 산만하고 집중이 안 된다. 항상 공부해야 할 과목과 관련된 책만 책상 위에 올려져 있어야 한다. 그리고 인생의 성공이나 공부에 관한 명언이나 좋은 글을 아이들의 좌우명으로 정해서 잘 보이는 곳에 붙여놓으면 공부하는 데 많은 도움이 된다. 또는 이루고 싶은 꿈이 그려진 그림도 좋다. 아니면 가고 싶은 대학의 사진도 좋다. 항상 아이들의 목표와 꿈을 일깨워준다.

온도도 중요하다. 너무 추우면 자꾸 이불 속으로 들어가려고 하고, 너무 더우면 공부하기가 힘들어진다. 그러다 보니 여름에 에어컨을 거실이 아닌 아이들 공부방에 달아주는 부모들도 많다.

◆ 최상의 공부 환경 만들기

1. 공부방을 항상 깨끗이 하라

- 특히 책상 위는 현재 자신이 공부할 과목의 교과서·노트·참고서·문제집만 놓고 다른 과목 책들은 책꽂이에 꽂아둔다.

- 책상과 의자는 아이의 신체에 적합한 것으로 선택하여 편한 자세로 공부할 수 있도록 한다. 너무 푹신한 의자나 바퀴 달린 의자는 피하는 것이 좋다.

- 밤 시간대에는 전체 조명과 부분 조명(스탠드)을 동시에 사용하는 것이 좋다. 방 전체와 책상 위의 조도 차이가 심할 경우 눈이 피로해지고 시력도 나빠지기 때문이다. 공부방은 최대한 밝을수록 좋으므로 300럭스 이상 형광등으로, 책상 위의 스탠드는 형광등으로 500~700럭스 정도로 유지하는 것이 좋다.

- 학습에 도움을 주는 컬러는 블루와 그린 계열이므로 인테리어에 참고한다.

2. 유머를 생활화하라

- 부모도 아이도 유머를 자주 쓰려고 노력하면 가정이 행복해진다.

- 가족의 유머에 많이 웃어주면서 크게 반응하자.

3. 너무 늦게 자는 습관을 고쳐라

- 대부분 늦게 자는 학생들은 늦은 밤이나 새벽에 집중이 잘 된다고 말한다. 그러나 대부분 시간을 허비하고 나서 늦게 공부를 시작하는 경우가 많다. 늦게 자는 것은 다음날 컨디션에 많은 영향을 미치므로 되도록 일찍 자고 일찍 일어나는 습관을 들이도록 노력한다.

05

공부 습관을 유산으로 남겨라

"인간의 본성은 서로 비슷하지만 후천적 습관에 의해 서로 멀어진다."

– 공자

습관처럼 공부하기

공신이 되는 비밀을 찾기 위해 자기주도학습 지도사 과정을 공부하고, 관련된 많은 책을 읽고, 상위 0.1퍼센트에 해당하는 공부벌레들에 관한 기사를 탐독하고 인터뷰도 하며 알아낸 것은 참으로 단순했다. 어찌 보면 이 단순한 공신의 비결을 알기 위해 그처럼 많은 시간과 비용을 투자한 것이 미련하게 느껴질 만큼……. 이러한 비밀을 우리 아이들이 알아가기까지 또 얼마나 많은 시행착오를 겪는가를 생각하면 참으로 어이없다. 그만큼 그 비밀은 아주 단순한 진리다.

많은 부모들이 단순하게는 아이들의 성적을 올리기 위해 공부를 시킨다. 또는 조금 깊이 있는 교육을 하고자 하는 부모는 자녀 스스로 문제를 해결해나갈 수 있도록 사고 능력을 키워주고자 여러 공부를 하게 하기도 한다. 그러다 보니 어렸을 때부터 예체능은 물론 국어, 영어, 수학, 논술, 과학, 속독, 사회까지 해야 할 것이 너무나 많고, 이 많은 학원들을 날마다 일주하듯이 모두 다니는 아이들도 있다.

아이가 성적이 안 나오는 것은 목표의식이 없고 의지가 없기 때문인 경우가 많다. 그러나 현실적으로 대한민국 상위 0.1퍼센트에 속하는 학생들, 곧 특목고에 입학해서 그곳에서도 장학금을 받으며 전교 등수 안에 드는 아이들을 살펴보면 반드시 그러한 것도 아님을 알 수 있다. 공부 방법은 학생들마다 다양하지만(Part 3 과목별, 학년별 공부법 참고), 그중에서 그들을 남달리 공부를 잘하는 학생으로 만들어주는 공통점의 핵심은 바로 '습관'이다. 그냥 공부가 습관인 아이들이 의외로 많았다.

전교 1등인 아이는 과연 목표가 무엇일까? 아이가 무엇이 될 것인가에는 관심이 없고, 계속 1등을 유지할 것인가에만 관심이 있는 부모들도 많다. 그래서 다음 시험을 봤을 때 그 아이가 이번에도 1등을 했는지 궁금해 한다. 그래서인지 아이들은 그것을 놓치지 않기 위해 부단히 노력한다. 일단 한번 최상위권이 된 아이들은 주위의 인정을 받게 되고 굳이 공부할 이유를 찾지 못해도 저절로 열심히 공부하고 싶은 의지가 생긴다. 구체적인 미래의 목표가 없는 아이들도 있고, 자신이 무엇을 하고 싶은지 아직 찾지 못한 아이들도 많다. 그러나 그들에겐 남다른 무언가가 확실히 있다. 바로 자신감이다. 남들보다 잘살수 있다거나 훌륭한 사람이 될 수 있다거나 하는 막연한 확신이 있다는 것이다. 그러한 자신감이 '습관'의 근거가 된다.

물론 뚜렷한 목표의식이나 자신에 대한 이해 없이 공부만 한 학생들이 인생에서 실패하거나 시간을 허비하는 경우도 많다. 자신을 알고 목표와 목적을 확실히 하고 공부하는 것이 정석이다. 목표가 먼저냐 아니면 공부가 먼저냐 하는 것은 답하기 어려운 문제이다. 그러나 어쨌든 공부는 아이들에게도 부모들에게도 당장 이루어야 하고 달성해야 하는 목표라는 점을 무시할 수 없다면, 공부하는 습관부터 먼저 길러라. 그러면 확실히 성적이 오른다. 단시간에 정할 수 없는 꿈과 목표를 찾아가는 것은 장기 프로젝트이다. 또한 성적이 오르면 실현할 수 있는 범위의 꿈과 목표도 많아지고, 그럴수록 그 꿈을 위해 더 많이 노력할 것이다. 좋은 습관, 게다가 그것이 공부하는 습관이라면 그런 습관을 길러준 부모는 어떤 유산보다도 값진 유산을 남기는 것이다.

공부 잘하는 학생들에게는 다른 학생들과 다른 습관들, 공부를 잘할 수밖에 없게 하는 습관들, 누구라도 저렇게 하면 성공하겠구나 하는 습관들이 있다. 어떤 것은 비상하게 느껴지기도 하고, 어떤 것은 아주 평범한 것이라 딱히 특별할 것 없는 습관도 있다. 그러나 이러한 습관들이 몇 해를 걸쳐 거듭되면서 그들을 최고의 자리에까지 오르게 하고 남과 다른 특별한 아이들로 만드는 원동력이 되었다는 사실은 부인할 수 없다. 일례로 학원에 다니기를 싫어하는 아이를 집에서 수학 학습지로 공부시키면서 하루에 한 장이라도 6년 동안 매일 풀게 했더니 조금씩이라도 꾸준히 공부하는 습관이 들었고, 어느새 수학을 좋아하고 잘하는 아이가 되어 과학고등학교에 입학할 정도의 실력까지 키웠다는 사례도 있다.

공신은 탁월한 시관관리자

자, 이제 공부를 잘하기 위한 습관이 무엇인지만 안다면, 자녀들의 성적을 올리고 또 성적을 떠나 좋은 습관을 통해 사회에서 인정받는 능력 있는 사람으로 교육시키는 것은 아주 쉬운 일일 것이다. 공부를 잘하게 하는 습관에서 가장 중요하고 기본이 되는 습관은 바로 독서 습관과 시간 관리 습관 그리고 유혹 관리 습관이다. 이 세 가지만 제대로 한다면 상위권 진입은 어려운 일이 아니며 최상위권으로 진입하는 것도 가능하므로, 부모들은 반드시 이 세 가지 습관이 몸에 배도록 지도해야 한다. 독서 습관은 앞에서 별도로 설명했으니 생략하고, 시간 관리 습관부터 살펴보자.

우리 아이들의 가장 큰 자산은 무엇일까? 혹시 "내 아이는 미술도 못해, 춤도 못 춰요, 노래도 못하고 다루는 악기도 없어, 뭐 하나 잘하는 게 없어."라고 체념하고 있지는 않은가? 하지만 암기력, 수학 능력, 언어력, 예체능 능력, 이런 것보다 더 큰 자산이 있다. 당신의 아이는 지금 몇 살인가? 시간이라는 가장 큰 자산이 있다는 것을 결코 잊어서는 안 된다. 예순, 일흔이 되어서도 늦지 않았다고 새로운 공부를 하고 또 대학에 입학하는 노인분들도 계시다. 우리 아이들은 정말 말랑말랑한 머리를 가졌으며, 아직도 공부할 시간이 너무나 많이 남아 있어서 그 무엇도 할 수 있고 그 무엇도 될 수 있는 잠재력이 있는 나이이다.

부모들은 자식들을 너무 빨리 체념하고 포기하는 경향이 있다. 자녀가 어렸을 때 머리가 영특하여 우리 아이가 천재가 아닌가 하는 착각에 빠져본 부모일수록, 기대에 살짝 못 미치거나 잘하다가 성적이 떨어지면 더욱 빨리 포기하는 경우가 많다. 빨리는 초등학교 고학년 때부터 생각보다 좋은 성적이 안 나온다고(주로 왜 1등을 못하는지 의아해한다.) 아이를 닦달하고 학원으로 돌리기도 한다. 또는 초등학교 때까지 좋은 성적을 받아왔는데 중학생이 되고부터는 왜 성적이 안 나오는지 모르겠다면서, 아이들이 초등학교 때 꾸던 원대한 꿈을 부모가 같이 접어버리는 경우도 많이 봤다. 지인의 아이가 초등학교 때까지는 의사가 꿈이었으나 중학교에 들어가면서 10등 정도 수준에 머무르자, 부모부터가 이제 의사는 다른 세상 이야기라고 여겼고, 현재의 성적이 나쁘기 때문에 아이도 자신의 꿈을 누구에게도 자신 있게 말하지 못했다. 부모들은 그 뒤로 둘째에게 기대와 관심을 돌렸다. 부모의 시달림(?)에서 자유로워서인지 창의적이고 자유롭고 주도적이며 기발하고 명석한 둘째에 또 너무 많은 기대를 하다가, 결국 둘째도 큰아이의 전철을 밟았다. 이 아이들의 앞에는 수많은 시간이 있는데, 열심히 노력하면 안 되는 게 없는데……. 두 자녀를 이처럼 빨리 포기하는 경우를 보면서 마음이 아팠다.

저자의 큰아들은 모범생 스타일이라 공부하는 습관이 들어 있지만, 둘째는 어려서부터 공부에 소질이 없는 듯 보였고 실제로 좋은 성적을 받아본 적이 거의 없다. 초등학교 1학년 때에는 받아쓰기를 20점 맞아온 적도 있었는데, 자세히 보니 사실 빵점이었으나 선생님의 배려(?) 때문인지 20점으로 되어 있었다. 그럼에도 저자는 한 번도 둘째아들이 공부를 못할 것이라고 생각한 적이 없었다. 열심히 노력하고 부모가 이끌어주면 목표를 이룰 것이라고 생각했고, 또 항상 아들에게 그렇게 말했다. 그래서인지 항상 자신만만하고 거침이 없으며, 현재는 전교 부회장을 맡아 학교 일에 열심이다. 이젠 성적도 3등 정도는 하는 듯하다. 국제중학교가 목표이고, 외국어고등학교에 입학할 것이며, 호텔경영학을 배우기 위해 외국으로 유학 갈 것이라는 장기 목표까지 뚜렷하게 세워놓았다. 지금 성적으로는 턱도 없는 목표이지만, 앞으로 남은 시간을 어떻게 보내느냐에 따라 꿈을 이룰 수도 이루지 못할 수도 있을 것이다.

시간 일기장을 만들자

지금부터 시간을 어떻게 보내느냐가 가장 중요하다. 최대의 자산인 시간을 헛되이 쓴다면 목표를 이룰 수 없고, 원하는 대학에도 갈 수 없으며, 원하는 직업도 꿈도 이룰 수 없다. 아이에게 하루 24시간 중에서 쓸데없이 보내는 시간을 체크하게 해보자. 컴퓨터 하는 시간, 휴대폰으로 친구와 문자를 주고받는 시간, 텔레비전 보는 시간, 친구들과 할일 없이 보내는 시간들……. 이러한 시간들이 하루에 2시간, 3시간씩 된다면 공부를 잘하기 힘들다. 그 시간에 책을 읽고 공부를 한다면, 1~2년 후에는 정말 달라진 자신과 달라진 성적을 만날 것이다.

그런데 대부분의 부모들이 시간을 관리해야 한다는 것은 알지만, 아이들에게 시간을 관리하는 습관을 어떻게 갖게 해줄 것인지에 대해서는 알지 못한다. 시간을 관리하기 위해서는 먼저 아이들이 시간을 어떻게 쓰고 있는지 파악하는 것이 중요하다. 그냥 눈에 보이는 대로 "컴퓨터 하지 마라.", "문자 하지 마라."라는 식으로 그때그때 말해서는 아이들이 절대로 달라지지 않는다. 대부분 경험을 해봤겠지만, 부모와 자녀 간에 사이만 안 좋아지고 언성만 높아진다.

아이들에게 무엇보다 시간 일기를 쓰게 하라. 시간 일기는 되도록 자세하게 30분 단위나 10분 단위로 써야 한다. 일어나서 잠자리에 들기까지 아주 자세하게 하루 일과를 적은 뒤, 자신이 헛되이 버린 시간이 얼마나 되는지 계산하게 한다. 그렇게 일주일 치를 합산하여 적고, 그 느낌을 적게 한다. 시간 도둑이 무엇인지 또 시간을 얼마나 훔쳐갔는지를 파악하기 위한 것이다. 이때 주의할 점은 시간 일기를 쓰도록 이끌어주기만 하고, 평가나 느낌에 대해서는 부모가 언급하지 않아야 한다는 것이다. 그 대신 스스로 느낌을 적고, 다음 주에는 어떻게 할 것인지 계획을 세우게 한다. 쓸데없이 보낸 시간을 어떻게 조금이라도 줄일 수 있을지 다짐 같은 것을 적게 하고, 부모는 한번 실천해보자고 응원하면서 이끌어준다. 다시 일주일이 지난 뒤에 지난번에 다짐한 것을 제대로 실천했는지 피드백을 한다. 이러한 과정에서 금방 큰 효과를 볼 것이라고 성급하게 기대해서는 안 된다. 습관을 고치기 위해서는 적게는 3개월, 많게는 6개월, 1년을 노력해야 한다. 단지 자신이 얼마나 많은 시간을 버리고 사는지 알게 해주고 일깨워주는 것만으로도 의미가 있다. 이처럼 인식을 전환하고 나면 다음에 설명할 플래닝 과정에서 서서히 그 효과가 나타난다.

하루를 25시간으로 만드는 실전 기술

시간을 관리할 때 가장 중요한 것은 우선순위다. 대체적으로 사람들은 중요하지만 급하지 않은 일(운동, 신문 읽기, 독서, 일기 쓰기 등)

을 우선순위에서 빼서 뒤로 미루며, 중요하기도 하고 급한 일(시험, 급한 볼일, 병원 치료 등)에만 최우선으로 시간을 배분해서 사용하는 경향이 있다. 이러한 일들도 물론 중요하지만, 사실은 중요하지만 급하지 않은 일들이 장기적으로는 아주 큰 변화를 가져오는 중요한 요소다. 당장 급한 일은 아니지만, 독서와 운동 같은 일들을 장기간에 걸쳐 꾸준히 해나가면 언젠가는 그러한 습관 덕분에 성공하거나 아주 특별한 사람이 될 수 있다. 성공은 열심히 노력하는 자에게 행운이라는 언어로 다가온다. 미래를 위해 지금부터 장기적으로 준비해야 할 일들이 무엇인지 파악하여 실행해야 한다.

이보다 더 큰 문제는 성적이 안 나오는 학생들 대부분이, 중요하지 않지만 급한 일(친구의 갑작스런 방문, 중요하지 않은 전화나 약속 등)이나 중요하지도 않고 급하지도 않은 일(인터넷 서핑, 문자 주고받기, 텔레비전 시청, 게임, 전화 등)에 많은 시간을 허비한다는 점이다. 이러한 시간 도둑을 잡기 위해서 시간 일기를 통해 스스로 인식하고 차차 줄여가도록 지도해야 한다.

성공한 사람과 그렇지 않은 사람의 가장 큰 차이는 바로 시간을 어떻게 쓰느냐다. 시간 일기를 써보면 자신이 얼마나 시간을 낭비하고 있는지를 알 수 있다. 아무리 열심히 공부하는 학생이라도 자투리 시간을 많이 낭비하고 있을 수 있다. 평범한 학생들은 하루 중에 자투리 시간이 3시간 정도에 이른다. 등교를 준비하는 시간 중에 약 15분, 등하교에 걸리는 시간 30분, 학교에서 쉬는 시간 50분, 학원

가기 전에 버리는 시간, 집에서 빈둥거리는 시간 등이 모두 자투리 시간이다. 의도적으로 쉬는 시간을 제외한다 해도 한두 시간 정도가 충분히 남는다. 이러한 시간을 어떻게 쓸 것인지 궁리하지 않으면 그대로 모두 버리는 시간이 된다. 그 시간들이 1년이 모이고 2년, 3년이 모이면, 그로 말미암은 실력의 차이를 메우기가 힘들어진다.

최상위권의 학생들은 이러한 시간을 헛되이 쓰지 않는다. 부모와 자녀가 잘 상의해서 자투리 시간이 얼마나 되는지 알아보고, 그 시간을 어떻게 쓸 것인지 같이 대화하고 대책을 세워본다. 아이들은 같이 상의하고 부드럽게 다가가면서 존중해주면 반드시 부모가 원하는 방향으로 대답한다. 우리가 알고 있듯이 아이들도 정답을 알고 있다. 단지 습관이 안 된 것뿐이고, 시키는 것을 하고 싶지 않은 청소년기일 뿐이다. "책을 읽을까?", "영어 단어를 외울까?", "신문을 볼까?" 하고 유도하면, 부모가 원하는 것 중에서 자신이 하고 싶은 것을 고른다. 그러면 이제 부모는 준비만 해주면 된다. 물론 준비도 아이 스스로 하는 것이 좋겠지만, 처음에는 부모가 도와주는 것도 좋은 방법이다.

유혹이라는 악마에 대처하는 법

공부하는 데 또 하나의 중요한 습관은 바로 유혹을 관리하는 습관이다. 유혹을 관리하는 것이 습관이 될 수 있는지 의아해할 수도 있지만, 유혹이 무엇인지 알게 된다면 바로 수긍할 것이다. 유혹 관리는 시간 관리와도 관계가 많다.

공부를 방해하는 유혹에는 무엇이 있을까? 시간을 훔쳐가는 여러 가지 유혹으로는 컴퓨터나 음악, 텔레비전이나 게임, 친구나 핸드폰 등 여러 가지가 있다. 시간 관리 습관을 어렵게 하는 가장 큰 원인이 바로 이런 여러 가지 유혹들이다. 이러한 유혹들은 성적이 안 좋은 학생에게만 있는 것이 아니라 모든 학생에게 존재한다. 그러나 유혹에 강한 학생들은 이러한 유혹에도 자신이 해야 할 일을 잘해나가고, 유혹에 약한 학생들만이 온갖 유혹에 자신의 가장 소중한 시간을 몽땅 써버린다. 유혹에 강한 학생들은 이러한 것을 관리하고 통제하고 거절하는 습관이 몸에 배어 있다. 유혹에 한 번 지면 이것이 습관으로 굳어져서 아예 이러한 유혹들이 자신을 지배한다는 것을 알고 있기 때문이다.

청소년기의 학생들은 친구 관계가 부모와의 관계보다 중요해지는 시기다. 그래서 친구와 소통하는 데 필요한 연예인 소식 챙기기나 음악 듣기 그리고 문자 주고받기가 생활에서 많은 부분을 차지한다. 또는 친구들과 어울려 다니거나 잡담으로 시간을 많이 소비하기도 한다. 이러한 유혹들을 적당히 거절할 줄 알아야 공부를 잘할 수 있다.

먼저 공부를 방해하는 요소들을 적어본다. 그리고 그 방해 요소들이 공부를 어떻게 방해하는지 구체적으로 적어서 스스로 인식하게 하는 것이 중요하다. 그 다음에 그러한 유혹거리들을 제거할 대책을 자신이 직접 찾고, 그것들을 다시 적어본다. 계속 강조하지만 그냥 생각으로 끝내는 것과 생각한 뒤에 공책에 적는 것은 큰 차이가 있다.

친구의 유혹을 거절하려면, 친구들과 관계가 나빠지지 않도록 정중히 거절하는 방법을 터득해야 한다. 친구를 무조건 만나지 말라거나 하지 말라고 하는 것은 효과가 전혀 없다는 것을 명심해야 한다. 평상시에 이해하고 공감하는 모습을 통해 아이와 충분히 가까워져야 중요한 순간에 아이가 친구에게 정중히 거절할 수 있도록 이끌 수 있다.

◈ 공神의 플래너 작성법

1. 밤에 플래너 작성하기 자기 전에 다음날 공부할 과목과 분량, 시간을 적는다.

> **예** 복습 1시간: 사회(현대시민), 국어(4단원, 교과서 어떻게 공부할까?)
> 예습 30분: 과학, 국어, 사회 10분씩
> 수학: 8-나 최상위 수학, 9-나 개념원리
> 텝스 600: 청해 50분, 어휘 50분
> 독서 1시간: 《삼국유사》(중2 상위권 학생의 플래너 내용)

2. 24시간 시간 일기 1시간 단위로 표를 만들어 하루에 이뤄지는 자신의 모든 일을 적게 한다. 이때 자투리 시간에 할 일도 반드시 함께 적는다. (영어 단어 외우기, 운동, 책 읽기 등)

> **예** 7시~8시: 기상, 식사, 등교 준비, 신문 읽기
> 8시~9시: 등교, 아침 독서, 예습

3. 우선순위 정하기 자신에게 어떤 것이 중요한 것이고, 무엇을 우선순위로 정할 것인지 알게 한다.

중요하고 급한 것 A	중요하고 급하지 않은 것 B
예) 시험공부, 숙제	예) 운동, 독서, 피드백, 장기 계획
중요하지 않고 급한 것 C	중요하지 않고 급하지 않은 것 D
예) 중요하지 않는 친구와 약속, 갑작스런 방문객 접대	예) 채팅, 텔레비전 시청, 전화, 인터넷 검색

A만 하기도 벅차게 생활한다면–일을 미루는 스타일

B 위주로 생활한다면–미래를 준비하는 스타일

C 위주로 생활한다면–모든 일에 "Yes"라고 대답하는 줏대 없는 스타일

D 위주로 생활한다면–게으른 스타일

4. 자신의 공부를 방해하는 유혹들 적기 텔레비전, 휴대폰, 친구 등 유혹거리를 적고, 그 아래에 이유와 대책을 적는다.

유혹 ____________
이유 ____________
대책 ____________

유혹 ____________
이유 ____________
대책 ____________

유혹 ____________
이유 ____________
대책 ____________

유혹 ____________
이유 ____________
대책 ____________

유혹 ____________
이유 ____________
대책 ____________

Part 2

변화된 입시 환경, 핵심은 리더십

리더십이요? 우리 아이가 무슨……. 꼭 리더가 되어야 하나요?

공부 역량과 함께 균형 맞춰 힘차게 날갯짓할 다른 한쪽 날개는 무엇일까? 바로 리더십 역량이다. 그동안 부모들은 공부 역량에만 집중해왔다. 몰라서, 알지만 필요성을 못 느껴서, 필요성은 느끼지만 방법을 몰라서 등의 이유로 리더십 역량을 소홀히 여겨온 것이다. 그러나 이제는 반드시 주목해야 하는 역량이다.

왜냐하면 입학사정관제의 출현과 외고를 비롯한 특목고의 입시 변화로 인해 학생들의 다양한 자질과 역량을 검증하는 방향으로 입시 제도가 바뀌고 있기 때문이다. 우선 2010년도 외고 입시부터 국어, 사회 등 주요 과목의 교과지식 능력을 평가하던 구술면접이 없어지고 인성면접으로 바뀐다. 이제는 학습지식을 묻는 것이 아니라 독서나 사회봉사, 체험활동 등 지원자의 인성과 가치관, 발전 가능성을 평가하는 형식으로 면접이 진행된다. 따라서 교과 중심의 구술면접만 준비해온 수험생이라면 서둘러 입시 전략을 수정할 필요가 있다. 부모는 아이들이 이처럼 변화하는 환경에 빨리 적응할 수 있도록 도와주어야 한다.

다시 말해 입학사정관제를 포함하여 이제 고등학교와 대학교의 입시를 위해 학생들의 준비가 달라져야 한다. 학생들은 자신의 가치관을 명료히 하여 비전과 목표를 원대하게 세우고, 그에 따른 지식과 경험, 즉 지혜를 쌓고, 해당 전공과목에 대해 일관되게 준비하고, 독서와 글쓰기, 말하기 등 논술과 구술의 실전 능력을 향상시켜야 한다. 더불어 글로벌 시대에 걸

맞은 세계시민의식과 시대적 사명감이나 책임감도 키우기 위해 노력해야
한다.

이러한 다른 한쪽 날개의 역량은 비단 입학사정관제나 고교 혹은 대학
입시에 유리한 고지를 점령하기 위한 전략적 차원을 넘어 삶 전반에 걸쳐
필수적으로 요구된다. 즉 대학 졸업 후에 치를 입사시험이나 더 나아가 사
회의 역량 있는 주인공으로 성장하기 위해 반드시 필요하다는 점을 명심
하라.

아이들에게 필요한 리더십 역량은 가치 역량, 목표의식 역량 그리고 전
략과 실천 역량, 마지막으로 글로벌 리더십 역량, 네 가지로 정리할 수 있
다. 다음의 리더십 역량 자가진단 테스트는 자녀에게 필요한 리더십 역량
이 어느 정도인가를 가늠해볼 수 있는 척도가 될 것이다. 테스트 결과를
확인하고, 항목 중 3점 이하로 체크한 부분부터 보강해나가야 한다.

진단 질문	◀ 매우 그렇지 않다　　　매우 그렇다 ▶				
① 나는 자신이 무엇을 좋아하고 싫어하는지 잘 안다.	1	2	3	4	5
② 나에게는 원대한 꿈이 있다.	1	2	3	4	5
③ 나는 지식뿐 아니라 다양한 경험을 쌓기 위해 노력한다.	1	2	3	4	5
④ 나는 환경문제 같은 전 지구적 문제에 관심이 많다.	1	2	3	4	5
⑤ 나는 자신을 소중한 존재로 생각하며 나의 미래가 밝다고 믿는다.	1	2	3	4	5
⑥ 나는 30년 후 내 모습이 어떠할지 상상해보곤 한다.	1	2	3	4	5
⑦ 나는 나에게 필요한 지식과 정보가 무엇인지를 잘 안다.	1	2	3	4	5
⑧ 나는 영어 신문이나 영어 잡지를 자주 읽는다.	1	2	3	4	5
⑨ 나는 나의 좌우명을 명확히 설명할 수 있다.	1	2	3	4	5
⑩ 나는 어떤 일을 하거나 공부를 할 때 항상 목표를 세운다.	1	2	3	4	5
⑪ 나는 내 꿈을 이루기 위해 필요한 지식이 무엇인지 잘 안다.	1	2	3	4	5
⑫ 나는 전 지구적인 문제를 해결하는 데 이바지하고 싶다.	1	2	3	4	5
⑬ 나는 가급적 스스로 문제를 해결하려 한다.	1	2	3	4	5
⑭ 내가 세운 목표에 대해서는 반드시 달성하려고 노력한다.	1	2	3	4	5
⑮ 나는 공부할 때 중요한 것에 대해 많은 시간을 할애한다.	1	2	3	4	5
⑯ 내가 외국에서 살 가능성이 점차 많아질 것이라고 생각한다.	1	2	3	4	5
⑰ 나는 내가 왜 이 세상에 존재해야 하는가에 대해 말할 수 있다.	1	2	3	4	5
⑱ 나에게는 다른 친구들에 비해 탁월한 나만의 전문 분야가 있다.	1	2	3	4	5

⑲	나는 내 장점과 약점에 대해 잘 알고 있다.	1 2 3 4 5
⑳	나는 세계의 다양한 사람들과 어울려 일할 날이 내게 올 것이라고 생각한다.	1 2 3 4 5

90점 이상: 아주 훌륭해! 거의 글로벌 리더의 경지인걸!

80점 이상: 그 정도면 글로벌 리더가 되는 것도 시간문제라고 봐!

70점 이상: 좋아, 조금만 더 노력하면 되겠는걸!

60점 이상: 한번 열심히 해보자고. 좋은 결과가 있을 거야.

50점 이상: 지금부터 시작해도 늦지 않아. 화이팅!

※ 자녀가 3점 이하로 체크한 항목에 대해서는 부모가 관심을 갖고 이끌어준다.

01

가치 역량

삶의 가치를 깨달은 자의 힘

"인간의 주요 목적은 가치 창조와 보존이다. 그것은 우리의 문명에 의미를 주고, 궁극적으로는 개개인의 인생에 중요성을 부여하는 일에 관여한다."

— 루이스 멤퍼드

이제는 인성과 사회성을 묻는다

가치의 명료화와 높은 자존감은 삶 전체를 관통하는 가장 중요하고 필요한 역량이다. 가치와 자존감을 리더십 역량의 첫 번째로 꼽은 것은 고교 입시나 대학 입시에서 그 비중이 크다는 점도 이유지만, 한 사람이 21세기를 살아가는 데 가장 중요한 역량이기 때문이다. 만약 자녀에게 뚜렷한 가치관과 자존감을 심어주지 않는다면, 마치 깊이 뿌리내리지 못한 나무가 장마에 쉽게 휩쓸려 떠내려가듯이 환경의 변화와 정보의 홍수 그리고 가치관의 혼란 속에서 표류하고 좌절하고 말 것이다. 아울러 똑똑하고 좋은 대학을 졸업한 수재들이 윤리의식이 부족하여 사회적 지탄을 받는 경우가 많다는 것도 부모로서는 눈여겨보아야 할 대목이다.

평생을 성실히 살아왔으나 중년의 나이에 이르러 삶의 공허함을 느낀다는 이야기를 주위에서 종종 듣는다. 은퇴한 남성들은, 아침 일찍 집에서 나와 저녁 식사까지 밖에서 하고 9시쯤 귀가해야 아내가 좋아하지만 맘 편히 저녁 먹을 친구를 찾기도 쉽지 않다고 하소연한다. 아내는 아내대로 빈 둥지가 되어버린 가정에서 우울증에 시달린다. 모두가 그저 '무엇이 되는 것'에만 목표를 두고 살아왔기 때문이다. 삶의 진정한 가치를 생각할 겨를 없이 그저 더 많이 돈을 벌고 더 높은 위치에 오르는 것에만 목표를 두고 날아가다 보면, 기우뚱하고 흔들리는 시기를 겪는다.

따라서 가치 역량의 강화는 아이의 심적, 윤리적 기초를 튼튼히 하는 일이라고 생각하면 될 것이다. 대학이 수많은 지원자에게 심성과 사회성 그리고 윤리성을 묻는 이유도 같은 맥락이다.

자아와 세계를 바라보는 관점을 키워라

대학 입시에서 가치관 영역은 자아관과 세계관으로 나누어 평가된다. 우선 가치관은 한 개인이 어떤 사물이나 행동 또는 사건에 대해 어떠한 기준으로 판단하느냐를 묻는 것으로써, 인간관, 인생관,

사회관, 국가관, 종교관, 세계관 등의 관점과 사상까지 폭넓게 포함한다. 쉽게 말해 자기를 둘러싼 환경 전반에 대해 어떻게 생각하는지를 묻는 것이다.

한 발 더 나아가 자아관에 대한 질문은 개인적 차원에서 사회현상을 어떻게 생각하고 해석하는가를 묻는 것이라고 할 수 있다. 이때 핵심 포인트는 바로 관점의 일관성과 관점의 깊이와 폭이 평가대상이라는 것이다.

한편 세계관은 집단이나 사회, 문화, 국가, 나아가 세계와의 관계에서 고려되는 개인의 태도와 경향 혹은 종합적인 태도를 말한다. 점차 구술면접시험에서 세계관에 대해 묻는 비중이 높아지고 있는데, 그 이유는 개인적 차원의 판단체계를 뛰어넘어 확장된 사고와 거시적인 판단체계를 알아보기 위해서이다.

이렇듯 실제로 외국 대학이든 국내 대학이든 인성과 가치관을 묻는 질문이 면접관의 가장 주요한 질문 주제가 되었다. 비단 대학 입시뿐 아니라 이제는 현재 논쟁이 되고 있는 외고를 비롯한 고교 입시에서도 인성과 가치의 문제가 점차 높은 비중을 차지할 전망이다. 인성이나 가치관이야 면접관이나 입학사정관 앞에서 착실하게 대답하면 되는 것 아닌가 하고 생각하면 오산이다. 인성과 가치관에 대한 질문은 아이가 착한가 아닌가의 문제가 아니라, 얼마나 일관된 생각과 목표를 갖고 살아왔는가를 묻는 것이기 때문이다. 그렇기 때문에 대충 준비하고 넘어가려 하다가는 큰 코 다치기 십상이다. 학교는 학생에 대해 종합적으로 평가한다.

대학은 물론 고등학교 입시에서 인성 영역의 질문은, 우선 대학 또는 고등학교라는 공동체 안에서 잘 생활해나갈 수 있는지를 평가하려는 것이다. 인성 영역은 도덕성과 사회성으로 나뉜다. 우선 도덕성은 사회질서의 규칙에 대한 개인의 존립 상태와 개인들 사이의 관계에 대한 질문들로서 도덕적인 이해와 정서 그리고 도덕적 행위의 실행 여부를 묻는다. 한편 사회성은 개인의 사회화 과정에서 대인관계와 관련된 성향과 특성을 평가한다. 한마디로 최근 들어 입시에서 학생들이 얼마나 남들과 잘 어울려 살아갈 수 있는지와 자신의 세계관을 얼마나 뚜렷이 정립하고 있느냐를 묻기 시작했다고 보면 될 것이다. 기출문제와 예상문제를 통해 어떤 문제가 출제되는지 감을 잡아보자.

우선 "국제화 시대에 살고 있는 우리가 지녀야 할 가장 중요한 덕목은 무엇이라고 생각하는가?"와 같이 사회적 덕목을 묻는 문제가 나올 수 있다. 또는 "세계적인 기업 마이크로소프트의 빌 게이츠, 오라클의 래리 앨리슨, 델 컴퓨터의 마이클 델 등은 모두 대학을 졸업하지 않은 사람들이다. 이처럼 대학을 졸업하지 않고 크게 성공할 수 있는데, 왜 당신은 굳이 대학을 다니려고 하는가?"라는 질문처럼 학생에게 고등학교나 대학교에 진학하는 목적이 무엇인지를 묻는 질문도 예상된다. 또는 "사회적 엘리트는 어떤 자질이 필요한가? 올바른 엘리트의 역할은 무엇인가? 그런 사람을 예로 들어보라."처럼 지성인과 엘리트의 사회적 역할에 대해 얼마나 이해하고 있는지를 물을 수도 있다.

대학 입시에서는 최근의 이슈나 사건에 대한 학생들의 생각을 물을 확률이 높다. 가령 피해 어린이의 처참한 상황 때문에 사람들을 경악시킨 '조두순 사건'과 관련한 질문이 나올 수도 있다. "보건복지가족부는 최근 아동 성범죄자의 신상 공개를 확대한다고 밝혔다. 청소년의 성범죄를 예방하는 차원의 이러한 신상 공개 결정에 대해 일각에서는 당사자 및 그 가족에 대한 이중처벌 내지 인권침해 소지가 있다고 비판한다. 이 문제에 대해 학생의 생각을 말해보라."라는 질문이 가능하다. "최근 고위공직자들이 인사 청문회에서 위장 전입 등 불법을 저지른 것이 드러났는데도 이와 관계없이 그대로 임명된 사실에 대해 어떻게 생각하는가?"라고 물을 수도 있다.

따라서 부모는 아이가 우선 사회문제에 관심을 갖도록 노력해야 한다. 가령 함께 뉴스를 보거나 신문 사설을 읽으면서 사회적으로 화제가 되고 있는 뉴스와 사건에 대해 아이가 어떻게 생각하는지를 자주 물어보고 대화함으로써 올바른 가치관을 정립할 수 있게 도와주어야 한다.

자존감은 역경을 이겨내는 힘이다

잘 알다시피 21세기는 무한 경쟁의 시대이고, 엄청난 변화와 병합의 시대이며, 따라서 개인적으로 엄청난 스트레스를 견뎌내야 하는 시대이다. 말하자면 뚜렷한 가치관과 자존감이 결여된 사람은 자신감과 존재감을 잃고 표류하다가 결국 우울증이나 자살을 선택할 가능성이 높은 사회라는 것이다. 해마다 특히 젊은이들의 자살률이 사회문제가 되는 것도 이와 같은 맥락이다. '2008년 사망자 통계'에 따르면 자살자가 모두 1만 2,858명으로 하루 평균 35명이 목숨을 끊었다. 우리나라의 자살률은 1983년에 집계를 시작한 뒤로 해마다 사상 최고치를 경신하면서 경제협력개발기구(OECD) 회원국 중 6년째 1위 자리를 차지하고 있다. 이러니 자살 공화국이라는 오명에도 할 말이 없다. 특히 20, 30대의 청년 자살이 급증한 점은 한국의 미래를 우울하게 만든다. 청년층 사망자의 40퍼센트가 자살이고, 10대의 경우에는 교통사고 다음으로 높은 사망 원인이 자살이다.

가치와 자존감은 아이들이 무한경쟁 시대를 살아가면서 불가피하게 겪을 외로움과 스트레스 그리고 역경을 이겨낼 수 있게 하는 가장 핵심적인 부분이다. 이와 관련하여 주목할 점은 탁월한 성적을 보이는 아이들의 공통된 특성이다. 그들은 자존감과 주도성 그리고 어려운 문제도 끝까지 알고 넘어가려는 끈기와 의지가 다른 학생들보다 높다. 그중에서도 특히 자존 의식이 다른 학생들에 비해 월등히 높다. 결론적으로 자존감이 자기주도학습에서 가장 중요한 요소라고 할 수 있다.

자존감은 자신을 스스로 얼마나 소중한 존재로 인식하고 있는가이다. 자기존중감은 자신감의 바탕이 되며 특히 역경이 닥쳐왔을 때 끝까지 매진할 수 있는 끈기를 가져다주기 때문에 학생만이 아니라 누구에게나 필요한 요소이다. 학생들의 자존감을 한마디로 표현하면, 부모나 교사 혹은 친구 들로부터 소중한 존재로 존중받는 느낌이라고 할 수 있다. 그러므로 자존감이 높은 아이가 공부도 잘한다. 반면 자존감이 낮은 사람은 외롭다고 느끼고 쉽게 절망하며 심지어 자살이라는 불행한 결과를 초래하기도 한다.

아이가 한 행동이나 결과에 대해 부모들이 보일 수 있는 반응은 네 가지 유형이다. 첫째가 무반응, 둘째는 부정적 반응, 셋째가 전환 반응, 마지막이 긍정 반응이다. 가령 아이가 학교에서 시험을 치렀다고 하자. 첫 번째 유형은 아이의 입장에서 볼 때 부모가 과연 자신이 학교에서 시험을 쳤다는 사실을 아는지 또 자신의 성적에 대해 관심이나 갖고 있는지조차 의심스러운 경우에 해당된다. 두 번째 유형의 부모는 아이의 시험 점수 중에 성적이 낮은 부분에만 관심을 갖고 아이를 질책한다. 세 번째 유형은 성적이 떨어진 부분은 가급적 언급하지 않으면서 성적이 오른 부분에 대해 잘했다고 말하는 부모다. 마지막으로 긍정 반응을 하는 부모는 아이가 잘하고 있는 모든 일에 관심을 갖고 긍정적으로 말해준다. 여러분은 어떤 유형의 부모인가?

그런데 현실에서 우리가 연습해야 할 반응은 긍정 반응보다 전환 반응이다. 가령 아이들이 텔레비전을 너무 많이 시청할 경우에 "당장 텔레비전 끄지 못해? 앞으로 뭐가 되려고 그래?"라는 부정적 반응을 보이기보다 전환 반응을 시도해보자. "우리 가족들이 모두 만족할 수 있도록 텔레비전 시청 시간을 조정해보자." 그 뒤에 아이들의 행동이 변화했을 때 "너희들이 텔레비전 시청 시간을 지켜줘서 정말 자랑스럽구나."라고 반응한다.

또한 첫사랑을 대하듯 아이들을 대하라. 아이가 집으로 돌아올 때도 첫사랑을 대하듯 설레는 마음으로 반겨 맞아라. 그러면 아이들이 저절로 자존감을 갖게 될 것이다. 아이의 자존감을 극대화해준 부모들은 의심할 여지없이 자녀를 훌륭하게 키워냈다. 안철수 씨의 어머님은 어릴 적부터 아들에게 "학교 잘 다녀오세요."라고 존댓말을 썼고, 안철수 씨 자신도 그런 어머니를 본받아 안철수 연구소 시절에 모든 직원들에게 존댓말을 했다고 한다.

자녀의 자존감을 강화하는 것은 대부분 대화를 통해서 이뤄진다. 늦게 학교에서 돌아오는 아이에게 "열심히 했니?"라고 묻거나 "더 열심히 해라."라고 말하지 말고, "오늘 수고했어."라든지 "열심히 했구나."라고 말해줘야 한다. 마음을 즐겁게 하는 뇌의 원리를 밝혀낸 의사이자 대학교수인 다카다 아키카즈에 의하면 이런 말들이 마음속의 우울과 불안을 치유해준다고 한다. 공부에 지치고 불안한 아이들을 치유하고 부드럽게 품에 감싸는 것이 부모 코치의 첫 번째 임무라는 점을 잊지 말자.

또한 자녀와 대화할 때 항상 적극적으로 의사소통을 할 필요가 있다. 《성공하는 사람들의 7가지 습관》을 쓴 스티븐 코비 박사에 의하면 적극적 의사소통이란 상황에 따라 즉각적으로 대응하는 것이 아니라, 일단 한번 생각하고 대답하는 것을 뜻한다. 가령 일상생활에서 아이들이 부모를 화나게 만드는 경우라도 화를 참지 못하고 바로 맞대응하면 안 된다. 일단 판단을 유보하고 아이의 말을 끝까지 듣고 나서 공감을 표현하고 부모의 입장을 말하는 것이 바로 적극적 의사소통이다. 이 방법은 단번에 잘 되지 않으므로 끊임없이 노력할 수밖에 없다. 이렇듯 칭찬하고 공감하면서 대화하는 것이 부모, 특히 아버지들이 체득해야 할 첫 번째 습관이다.

부정적 자아 이미지를 긍정적으로 바꿔라

진정 아이들의 자존감을 살려주고 성적을 올리고 싶다면 먼저 아이들의 자아 이미지부터 관찰하라. 우선 부모, 특히 아버지가 평소 아이들을 훌륭한 재목으로 대하고 있는지 아니면 모자란 놈으로 대우하고 있는지부터 살펴야 한다. 만약 부모가 아이에 대해 편견이나 부정적 이미지를 갖고 있다면 그것부터 먼저 개선해야 한다. 그리고 나아가 아이의 부정적 자아 이미지를 바꿔주는 동시에 칭찬과 따뜻한 눈길 그리고 애정이 담뿍 담긴 손길로 아이의 마음을 풀어주어야 한다.

아이를 진정으로 생각하는 부모는 의사소통에 신중을 기한다. 부모의 말 한마디가 자녀의 기를 충만하게 할 수도 있고, 자녀로 하여 금 스스로를 못난 사람으로 규정하게 할 수도 있기 때문이다. 이 부분은 성적 향상에도 매우 중요한 역할을 한다. 앞서 언급한 바와 같이 자기 스스로 목표를 설정하는 데 영향을 끼칠 수 있기 때문이다.

《성공의 법칙》이라는 책으로 유명한 심리학자 맥스웰 몰츠는 '사이코 사이버네틱스'라는 개념을 사용하여, 인간의 발언들이 어떻게 두뇌에 각인되는가를 밝혔다. 두뇌는 인간의 발언이 진실이냐 거짓이냐를 가리지 않고 있는 그대로 반영한다는 것이다. 가령 아버지가 아이에게 "네가 그럼 그렇지. 이놈아, 네 주제에 무슨 공부를 한다고……."라고 발언하면, 아이들은 그것에 대응조차 못하고 수용하면서 그 자체로 두뇌에 각인시킨다는 것이다. 이것은 매우 무서운 실패의 법칙이다. 따라서 이것을 반대로 이용하면, 성공의 법칙 또한 매우 간단해진다. 쉽게 말해 부모와 자식이 매우 긍정적인 언어로 소통하는 것이다. 언제나 아이의 장점과 잘한 부분에 대해서만 말하는 습관을 기른다면, 이미 아이는 스스로 리더로 자라고 있을 것이다.

여기 하나의 사례가 있다. 아동교육의 세계적 권위자 알프레트 아들러 박사에 의하면, 어린 시절에 형성된 강력한 믿음이 행동이나 능력에 얼마나 큰 영향을 미치는지를 잘 보여주는 체험을 한 적이 있다고 한다. 학생 시절에 그는 수학 성적이 나빴고, 선생님도 그가 수학에 전혀 소질이 없다고 확신했다. 선생님은 이러한 사실을 부모님에게 알렸고, 그에게 너무 많은 기대를 걸지 말라고 이야기했다. 아들러의 부모도 그 사실을 받아들였다. 아들러 역시 자신에 대해 내려진 평가와 판단을 수동적으로 받아들였다. 그러던 어느 날 아들러의 머릿속에 선생님이 칠판에 적은 아주 어려운 문제를 풀 수 있는 방법이 갑자기 떠올랐다. 아들러는 즉시 이 사실을 말했지만, 선생님과 친구들은 비웃기만 했다. 이에 분개한 아들러는 칠판 앞으로 걸어 나가 그 문제를 풀어 사람들을 깜짝 놀라게 했다. 이 사건 때문에 아들러는 자신이 수학을 어느 정도 이해할 수 있다는 사실을 깨달았다. 그 후 아들러는 자신의 능력에 자신감을 갖고 계속 노력해서 수학을 잘할 수 있게 되었다. 아들러 박사는 잘못된 믿음으로 자신에게 '최면'을 걸었던 것이다.

한 번 더 강조하고 싶은 것은, 부모가 아이에게 아들러 박사의 경우처럼 잘못된 믿음을 갖게 해서는 안 된다는 점이다. 그리고 한 연구에 의하면 아들러 박사가 어린 시절 겪은 경험은 보기 드문 현상이 아니라, 낮은 학점을 받는 모든 학생들에게 실제로 나타나는 현상이라고 한다.

교육심리학자 프레스컷 레키 박사에 의하면 수천 번의 실험과 수년간의 연구 끝에 성적이 나쁜 대부분의 학생들 경우에 자아 개념과 자기 정의가 그 원인이 된다는 결론을 내렸다. 성적이 낮은 학생들은 다음과 같은 생각을 하면서 자기 최면에 빠진다.

"나는 멍청이인가 보다."

"나는 수학을 못해."

"나는 원래부터 철자에 약했어."

"나는 기계에 약해."

이러한 자기 정의 때문에 그들은 자신의 말과 행동을 일치시키기 위해서라도 나쁜 성적을 낼 수밖에 없다. 그들은 무의식적으로 나쁜 성적을 얻는 것이 도덕적이라고 생각한다. 결국 그와 같은 잘못된 신념이 최면으로 이어져 아이들의 자존감을 갉아먹는다. 그러니 지금이라도 자녀를 유심히 관찰하여 자녀가 스스로에 대해 어떠한 부정적 이미지를 갖고 있는지를 알아내고, 그것을 긍정적인 이미지로 바꾸기 위해 계속해서 노력해야 한다. 또한 부모는 칭찬과 긍정적 어법을 사용하려는 노력을 평소에 꾸준히 해야 한다.

◈ 가치 발견 게임

1. 먼저 A4 용지를 접어 16개 칸을 만듭니다.

2. 각자 가장 가치 있다고 생각하는 것 열여섯 가지를 떠오르는 대로 적어보세요.

예 가족, 친구, 건강, 사랑, 도덕성, 정직, 종교, 휴대폰 등

____

____

3. 가치발견 게임을 시작합니다. 밤이라면 집안의 전등을 모두 끄고 촛불 하나만 켜둡니다. 잔잔한 음악을 틀어놓는 것도 좋습니다. 종이에 적은 단어들은 본인만이 보도록 하고 다른 사람이 보지 못하게 합니다.

1) 인생을 살아가면서 위에 적은 열여섯 가지 중에서 여덟 가지를 버려야 할 위기 상황이라면, 어떤 것을 버릴 것인지 심사숙고하여 ×표 하고 남은 것을 적어보세요.

남은 것 _______________________________________

2) 다시 어려운 상황이 닥쳐 위에 남은 여덟 가지 중에서 또 네 가지를 버려야 한다면, 어떤 것을 버릴 것인지 ×표 하고 남은 것을 적어보세요.

남은 것 _______________________________________

3) 살아가면서 또다시 위급한 상황에 직면하여 위 네 가지 중 한 가지만 남기고 모두 버려야 한다면, 어떤 것을 버릴 것인지 ×표 하고 남은 것을 적어보세요.

남은 것 _______________________________________

4) 마지막 순간까지 남아 있는 단어가 무엇인지 확인하고, 다 같이 그 단어를 동시에 큰소리로 외칩니다. _______________________________

그것이 여러분들이 이 세상을 살아가면서 어떠한 상황과도 바꿀 수 없는 가장 소중한 가치입니다. 과연 최후에 남은 단어는 무엇이었을까요?

◆ 5 whys 게임

여러 번 되물음으로써 자신의 가치관을 발견할 수 있습니다. 다시 말해 다섯 번까지 되묻는 과정을 통해 자신이 진정으로 하고자 하는 바가 무엇인지를 알 수 있습니다. 먼저 아이에게 물어보세요. "요즘 네가 꼭 실천하고자 하는 것이 무엇이니?"

예

1) 나는 수학을 열심히 공부할 겁니다.

2) 수학을 열심히 공부해서 뭐하려고요?

3) 그래야 의대에 들어갈 수 있거든요.

4) 왜 의대에 가려고 합니까?

5) 최근 신종플루 같은 변종 인플루엔자가 많잖아요. 신약을 개발해서 변종 독감으로 고통 받는 사람들에게 값싼 의약품을 만들어주는 게 제 꿈이거든요.

6) 네, 그렇군요. 부디 앞으로 훌륭한 의학자가 되기를 바랄게요.

여러 번 질문을 통해서 응답을 한 학생이 앞으로 신약을 개발하여 사람들의 고통을 덜어주는 훌륭한 의학자가 되기 위해 수학을 열심히 공부하고 있음을 알았다. 이 학생의 가치는 무엇일까? 바로 '인류에 대한 사랑과 봉사'라고 할 수 있다. 아마도 이 학생은 이타적이고 사회에 헌신적인 생각을 가진 학생일 것이다. 따라서 이 학생은 꼭 의학자로서 신약을 개발하지 않더라도, 가령 세계보건기구에서 일하는 등의 비전을 가질 수도 있다.

이제 여러분 차례이다. 같은 과정을 따라 해보자.

1) 나는 ________________________를 열심히 공부할 겁니다.
2) 그것을 열심히 공부해서 뭐하려고요?
3) ____
4) ____
5) ____
6) ____

◆ 자존감 체크 리스트

- 내가 가장 자랑하고 싶은 나의 모습은 __________ 이다.
- 나는 __________ 이고 싶다.
- 내 스스로 __________ 을 할 수 있다.
- 내가 좋아하는 게임은 __________ 야.
- 내 이름은 __________ 을 의미해.
- 가장 배우고 싶은 것은 __________ 에 대한 거야.
- 나는 __________ 때 가장 슬퍼.
- 나는 근사한 __________ 이 되고 싶어.
- 언젠가 나는 __________ 이 될거야.
- 전에 못했지만 지금 할 수 있는 것은 __________ 야.
- 엄마(아빠)가 말씀하시는데, 내가 __________ 을 가장 잘한대.
- 집에서 가장 잘하는 것은 __________ 야.
- 학교에서 가장 잘하는 것은 __________ 야.

◆ 아이의 자존감에 상처를 주는 말들

- "(형이나 동생한테) 좀 배워라 배워."
  형(누나)이나 동생과 비교하지 마라. 아이들이 열등감을 갖는다.

- "어디서 말대꾸야."
  부모가 너무 권위적이면, 아이들이 불만과 반발심을 갖는다.

- "애들이 뭘 안다고 나서니?"
  어른들끼리 하는 이야기라도 아이들이 궁금해 하면, 야단치기보다 친절하게 설명
  해줘야 한다.

- "또 무슨 말썽을 피우려고 그래?"
  아이의 마음을 오해하거나 편견을 갖지 마라. 그러면 아이는 부모가 단정한 대로 자
  신을 규정한다.

- "넌 이것밖에 못 하니?"
  아이에게 너무 지나친 기대를 하지 마라. 아이가 스트레스를 받는다.

- "무슨 잠꼬대 같은 소릴 하는 거야?"
  비록 다소 엉뚱한 소리를 하더라도 아이의 상상력을 짓밟지 마라.

02

목표의식 역량

날아갈 방향을 알고 비행하라

"어디로 가고 싶은지 알지도 못한 채 여행을 떠나는 것은 어리석은 짓이다. 인생이라는 여정에서 어디로 가고 싶은지 신중하게 생각해본 적 있는가? 그 어떤 여정보다 소중한 것은 바로 인생이라는 여정이다."

– B. C. 포브스

입학사정관은 무엇을 알고 싶어하나

세 명의 남자가 벽돌을 쌓고 있다. 첫 번째 남자에게 물었다. "당신을 무엇을 하고 있습니까?" 그는 대답했다. "벽돌을 쌓고 있습니다." 두 번째 남자에게 물었다. "그 일을 왜 하십니까?" 그가 대답했다. "하루에 5달러를 받으니까요." 세 번째 남자에게 물었다. "무엇을 하고 있습니까?" 그는 대답했다. "큰 성당을 짓는 일을 돕고 있습니다." 찰스 슈아브는 묻는다. "세 사람 중 당신은 어떤 사람인가? 또한 여러분의 자녀는 어떤 사람이 되기를 바라는가?" 꿈이 단지 먹고 살기 위한 방편이라면, 아이들의 인생은 얼마나 메마르고 황폐해질까?

　우선 부모는 아이들이 사명감을 갖도록 도와주어야 한다. 사명감이란 원래 기독교에서 말하는 소명의식과 같은 것인데, 소명의식은 영어로 'a sense of calling'이라고 표현한다. 즉 하느님의 부르심(calling)에 대한 의식과 생각을 일컫는 것이다. 다시 말해 사명감은 어떤 직무와 연관된 소명의식이다. 아이 스스로가 어떤 직업을 선택하든 그것이 단지 혼자 배불리 먹고 살기 위해서가 아니라 자신이 그 일을 함으로써 사회에 기여한다는 책임의식을 느껴야 한다. 그래야 더욱 당당한 인간으로 성장할 수 있다. 그리고 아이들에게 큰 꿈, 곧 비전(vision)을 갖도록 도와주어야 한다. 비전이란 말 그대로 '생생하게 그려지는 미래'이다. 아이들의 가슴속에 저마다 자신의 생생한 미래가 자리 잡도록 도와야 한다.

　만약 아이들이 자신이 어디로 향하는지를 알지 못한 채 맹목적으로 공부에만 매달린다면 어떤 일이 일어날지를 상상해보라. 공부에 대해 아무런 동기도 부여하지 못한 채 결국 쉽게 지쳐버릴 것이다. 그럼에도 요즘 아이들은 꿈을 꿀 생각조차 않는다고 한다. 최근 한 시사주간지에서 초등학생 700명에게 어떤 꿈을 꾸는지, 그리고 부모들에게는 자녀가 어떤 꿈을 꾸기를 바라는지를 물었다. 그 주간지는 '그 결과는 참담했다.'라고 보도했다. 다시 말해 꿈을 꾸지 않는 초등학생이 전보다 훨씬 많아졌다는 것이다. 상당수 어린이들이 꿈이 없으며, 꿈을 위해 어떤 노력도 하지 않고 있다고 말했다. 또 어떤 아이들은 "그저 당장 바라는 소망은 ○○어학원 레벨이 업그레이드되는 것"이라고 답했다. 또 어떤 아이는 "그저 공부나 열심히 하겠다."라고 답했고, 어떤 아이는 꿈이 "돈 많은 주부"라고 답했다.

아이들의 답 중에는 꿈과 동떨어진 이야기가 많았다. 기사에 따르면, 서울 강남 학생들과 강북 학생들의 꿈 사이에 큰 차이가 있었다. 강남 학생은 공부에 관심이 높은 데 반해, 강북 학생은 돈 버는 것과 노는 데 관심이 많았다고 한다. 선호하는 직업에서도 강남과 강북 어린이 사이에는 차이가 있었다. 강남 초등학생은 의사 같은 전문직 종사자가 되겠다는 응답이 많은 데 반해, 강북 학생은 선생님이 되는 것이 꿈이라고 답한 경우가 가장 많았다. 특징적인 것 중의 하나는, 요즈음에는 대통령이 되겠다는 초등학생은 거의 없다는 점이다. 또 장군이나 장관을 희망하는 학생도 찾아보기 힘들고, 1990년대에 가장 각광을 받던 연예인이 되겠다는 학생들도 많이 줄었다고 한다. 이런 현상에 대해 진로교육 시범 학급을 지도하는 한 교사는 "자기 적성보다 부모의 선택이 꿈의 기준이 되고 있으며, 그러다 보니 꿈이 구체적으로 변해가고 있다."라고 분석했다.

생각하고 목표하는 대로 이뤄진다

맥스웰 몰츠는 "사람은 자신이 생각하고 목표하는 만큼만 발전한다.”라고 말한다. 가령 “나는 한 달에 500만 원을 벌 거야.”라고 생각하는 사람은 실제로 500만 원 이상을 벌지 못한다. 그러나 그 사람에게 목표를 높게 잡도록 도와주면 더 큰 돈을 벌 수 있다. 자녀의 꿈도 마찬가지다. 자신의 꿈이 대통령인 사람은 대통령이 못 되더라도 장관이나 고위 공무원은 될 수 있을 것이다. 따라서 전문가들은 누구나 입을 모아 꿈과 비전은 반드시 크고 담대해야 한다고 강조한다. 자신의 꿈을 말하면 친구가 “대체 네가 그 큰 꿈을 어떻게 이룬다는 거야?”라고 비아냥거릴 정도로 큰 것이어야 한다.

무엇보다 현실적인 문제는 이제 고등학교나 대학교에 가기 위해서 자신의 꿈과 비전에 대해서 생생하게 설명할 수 있어야 한다는 점이다. 입학사정관과 학교는 당신의 아이에게 해당 전공 학과와의 적합성을 중심으로 심사하고 질문할 것이다. 가령 왜 이 전공 학과를 선택했는지, 그리고 이 전공과 자신이 얼마나 어울리는지를 설명하도록 요구한다. 따라서 사명감과 비전 수립 그리고 목표 설정이 더는 미룰 수 없는 숙제가 되었다. 이제 학생들은 자신의 비전을 중심으로 일관된 삶과 선택, 즉 스펙을 만들어야 한다. 실제로 이미 대학 입시에서 비전과 관련된 질문을 하고 있다. 가령 건축학과의 경우에 ‘자신이 좋아하는 건물에 대해 설명해보라.’, ‘존경하는 건축가에 대해 말해보라.’ 등을 질문한다.

여러분은 이미 앞서 진행한 가치 발견 게임을 통해 어느 정도 자녀의 가치관에 대해 파악했을 것이다. 이제는 더욱 구체적으로 자녀의 꿈이 무엇인지, 그리고 비전은 어떠해야 하는지에 대해 살펴보자. 부모는 이 과정을 함께하면서 자녀의 진면목을 발견하도록 노력해야 한다. 그리고 자녀의 꿈에 날개를 달아주는 역할을 하라. 명심할 것은 비전 만들기도 중요하지만 비전을 일상적 과제로 연결하는 것이 더욱 중요하다는 점이다. 비전에 대해 마틴 루터 킹은 마치 수염을 깎는 것과 같다고 했으며, 어떤 이는 그것을 청동거울에 비유하기도 했다. 수염을 날마다 깎지 않으면 금세 얼굴이 덥수룩해지듯이, 또한 청동거울을 날마다 반짝반짝 닦지 않으면 녹이 슬어 볼 수 없게 되듯이 비전도 날마다 세심히 관리해야 한다는 뜻이다.

그 다음 과정은 목표를 세우는 일이다. 목표가 생기면 원하는 바가 명확해지고, 목표를 달성하기 위해 실천하는 데 도움이 된다.

꿈과 목표의 로드맵을 만들어라

직업이란 관직이나 직분을 의미하는 '맡을 직(職)'과 생업을 뜻하는 '일 업(業)' 두 글자가 합쳐져 이루어진 말로, '맡은 일'을 의미한다. 다시 말해 사회에서 개인이 맡아 해야 할 일, 곧 직업의 사회적 역할을 강조한다. 또한 진로는 직업을 갖고 이를 통해 자신의 사명을 이루기 위해 걷는 과정이다.

이 세상에는 두 종류의 사람이 있다. 아무런 꿈도 없이 그냥 사는 사람과 꿈을 이루고 죽는 사람. 신은 인간에게 꿈을 이룰 수 있는 도구를 주었다. 그것이 바로 직업이다. 그래서 직업을 영어로 'calling'이라고 하며, 'calling'은 '사명'이라고도 번역된다. 예를 들어 '이 땅의 모든 청소년들이 자신의 꿈을 찾아가도록 돕는 것'을 사명으로 여기는 사람은 이 사명을 위해 다양한 직업을 선택할 수 있다. 어떤 사람은 청소년 전문가, 또 어떤 사람은 청소년의 멘토 등으로 사명을 이루고자 할 것이다. 결국 사명은 하나지만, 직업은 다양하다. 다시 말해 자신의 가치관과 사명의식을 실현할 직업을 찾아 꿈을 이루기 위해 노력하는 과정이 바로 진로 탐색 과정이다.

자신이 이루고자 하는 꿈을 목표로 그 꿈을 이루기 위해서 어떤 길을 가야 하는지, 단계별로 어떤 일들을 해나가야 하는지 그려보아야 한다. 그 꿈을 이루기 위해서 어느 대학에 들어가서 공부해야 하며, 그 대학에 들어가기 위해서 고등학교와 중학교 생활은 어떠해야 하는지 그려보는 것이 중요하다. 그러면 현재의 생활이 달라진다. 이러한 과정을 '장기 로드맵'이라고 하는데, 장기 로드맵을 짜서 공부하는 계획을 세운다면 공부를 방해하는 다른 요인들에 휘둘리지 않을 수 있다.

어떤 직업을 가질 것인지 그리고 그 직업을 갖기 위해서 최상의 교육을 받을 수 있는 곳이 어디인지 알아보고 그곳에 들어가기 위해 노력하는 과정이, 바로 지금 이 순간임을 인식해야 한다.

◈ 비전 만들기

1. 존 고다드는 어렸을 때 가능한 것과 불가능해 보이는 것까지 포함해서 모두 127가지의 꿈을 적어 '꿈의 목록'을 만들었다. 그 뒤로 이 목록을 항상 가지고 다니면서 시간이 날 때마다 점검했다. 목록에는 탐험할 곳, 원시문화 답사지, 등반할 산, 배워야 할 것, 여행 장소, 구경하고 싶은 곳 등이 적혀 있었는데, 그가 청년이 되었을 때 그중 103가지를 달성했다고 한다. 아이에게 노트나 종이를 주고 자신의 꿈과 목표, 가장 원하는 것을 적게 하여 꿈의 목록을 만들게 하라. 더 재미있게 만들기 위해 자신이 따라하고 싶은 사람의 사진을 옆에 붙이거나, 갖고 싶은 것, 가고 싶은 곳, 하고 싶은 일, 되고 싶은 것 등의 사진도 잘라 붙이자.

1 _______	8 _______	15 _______
2 _______	9 _______	16 _______
3 _______	10 _______	17 _______
4 _______	11 _______	18 _______
5 _______	12 _______	19 _______
6 _______	13 _______	20 _______
7 _______	14 _______	

2. 아이에게 눈을 감게 하고 2040년 어느 날 아침에 꿈을 이룬 자신의 모습을 상상해보게 하자. 그리고 그것을 그림으로 그려 설명해보라고 하자. 중학생이나 고등학생의 경우는 글로 상세히 표현해보게 한다. 그러면 자신의 꿈을 찾지 못하던 아이들도 구체적이고 가시화된 꿈과 목표를 한 가지 정도는 적을 것이다.

____

____

3. 30년 후 자신이 되고자 하는 직책에 대해 명함을 만들게 하자. 그리고 그것을 꼭 지갑에 지니고 다니게 한다. 예일대 1953년도 졸업생들이 20년 후에 어떻게 생활하고 있는지 조사해보니 3퍼센트가 글로벌 리더로 성장해 있었고, 10퍼센트는 일정한 지위와 여유로운 생활을 누리고 있었다. 이들은 모두 꿈과 비전이 있었던 사람들로 다른 사람들보다 사회에서 일정한 성공을 거둔 사람들이다. 그러나 3퍼센트와 10퍼센트의 차이점은 비전을 종이에 적어서 계속 간직했느냐 아니냐에 있었다.

4. 만약 자신이 유명 주간지의 표지 모델이 된다면 어떤 제목과 내용으로 주간지에 소개될 것인가를 서술해보거나 직접 만들어보라.

5. 자신의 꿈과 관련된 그림이나 사진을 자신의 방 책상 위에 갖다 놓고, 매일 그 사진이나 그림을 보며 비전을 생각하자. 다양한 방법으로 비전을 늘 가까이할 수 있는 환경을 조성해보자.

◆ 로드맵 만들기

1. 먼저 종이에 세로로 여러 칸을 만든다. 그리고 제일 마지막 칸을 둘로 나누고, 위쪽에 향후 30년 후 자신의 최종 목표를 적는다. 그리고 그 아래에 그 시기의 단기 목표와 필요한 자격증, 경비 마련 대책 등을 적는다.

2. 그 위 칸을 또 둘로 나누어, 위쪽에 최종 목표 전(前) 단계의 목표를 적고 아래에 그 시기의 단기 목표와 필요한 것 등을 적는다. 이렇게 하여 제일 위 칸에는 현재와 가장 가까운 시기의 목표와 필요한 것 등을 적는다.

3. 이 내용을 블로그에 저장하고, 자신의 꿈을 이루기 위해 검색한 자료와 노력한 내용 등을 블로그에 담는다.

■ 꿈의 로드맵

목표		• 국제中 도전
단기 목표		• TOSEL 도전
자격증		
경비 마련 대책		
목표		• 외고 입학
단기 목표		• 장학금 도전/여행 많이 하기
자격증		• 한국사 자격증/ 제2외국어 공부/ TOEFL
경비 마련 대책		
목표		• 코넬대 호텔경영학과 입학
단기 목표		
자격증		• 제3외국어/ 와인 공부
경비 마련 대책		• 호텔 아르바이트
목표		• 호텔 중간관리자 취직
단기 목표		• 매출 확대/ 이벤트 유치
자격증		
경비 마련 대책		
최종 목표		• 호텔 CEO
단기 목표		• 세계를 무대로 호텔 설립
자격증		
경비 마련 대책		

03

전략을 세우고 실천하는 힘

"이미 알고 있다 하더라도 반드시 행동으로 익혀야 한다. 시도해보기 전까지 확실한 것은 아무 것도 없다."

— 아리스토텔레스

장점을 키우고 약점을 보완하는 학습전략

목표가 세워지면 그 목표를 달성하기 위해서 행해야 할 모든 행위를 계획하는 것이 전략이다. '전략(strategy)'이란 본래 '높은 곳에서 아래로 내려다봄'이라는 뜻을 가졌다. 말하자면 고지(高地)를 점령하는 자체가 전략을 지니는 것과 같음을 의미한다. 오늘날 전략이라는 말의 정의를 종합해보면, '하나의 목적을 달성하는 데 가장 핵심적인, 곧 명운(命運)이 달린 일로써, 그 목적이 달성될 때까지 지속적으로 행할 사안이나 행위'라고 정리할 수 있다.

경영학에서는 전략을 수립할 때 '에스더블유오티(SWOT) 분석'이라 하여, 본인과 상대방의 강점(strength)과 약점(weakness), 기회(opportunity)와 위협(threat) 요소를 분석하여 비교우위를 차지하는 것을 중심으로 전략을 수립한다. 자녀의 진로에 대한 전략을 수립할 때도 우선 자녀의 강점과 약점을 분석해야 한다. 필요하다면 성격검사와 적성검사, 지능검사 등을 하여 윤곽을 그릴 수 있다. 다음 단계는 앞으로 아이에게 닥쳐올 기회 요소와 위협 요소를 파악하는 것이다. 가령 입학사정관제는 우리 아이에게 어떤 면이 '기회' 요인이고 어떤 면이 '위협' 요인인가를 파악하여 전략을 세우는 식이다. 자녀의 학습전략을 수립하기 위해서는 먼저 자녀가 가장 잘하는 과목과 가장 못하는 과목이 무엇인지 파악해야 한다. 그리하여 잘하는 과목은 더 잘하도록 이끌고 잘 못하는 과목은 보완하게 하는 것이 바로 학습전략이다.

격주간지 《베리타스 알파》 2009년 3월호에 실린, 한국외대 용인외고에 재학 중인 조민경 학생 부모의 학습 지원 노하우를 보면 학습전략 개념에 아주 충실하게 계획을 세웠음을 알 수 있다.

"현실적으로 사교육을 받지 않을 수는 없다. 선별해서 보내는 것이 중요하다. 잘하는 것 하나와 못하는 것 하나는 학원의 도움을 받는 것이 효과적인 듯하다……. 잘하는 분야는 실력을 더 키워서 특기로 만들 수 있을 뿐만 아니라, 그럼으로써 공부를 즐기면서 할 수 있게 해준다. 자신감이 생기면 다른 과목을 공부하는 데도 심리적으로 도움이 되는 것 같다. 민경이의 경우는 영어회화가 그러한 분야에 해당한다. 못하는 과목은 당연히 보충하는 의미로 수업을 듣는 것이 도움이 된다. 민경이는 수학을 보충했다. 학원에 무조건 의존하기 시작하면 끝이 없다."

이처럼 부모는 아이의 강점을 살리고 약점을 보완할 것인가에 대해 학습전략을 세우고, 학원 수강 계획도 함께 세워야 한다.

좋은 생활 습관 만들기

철저한 자기 관리는 성공과 리더십의 핵심 요소이다. 인생에서 성공의 과정이란 나쁜 습관을 줄여가는 과정임과 동시에 좋은 습관을 만들어가는 과정이기도 하다. 《성공하는 사람들의 7가지 습관》의 저자 스티븐 코비 박사의 리더십 이론을 흔히 '원칙 중심의 리더십(a principle centered leadership)'이라고 말한다. 쉽게 말해 정해진 원칙을 충실히 실천하는 자가 저절로 리더가 된다는 것이다. 그것은 달리 말해 좋은 습관만 갖춘다면 굳이 따로 애쓰지 않더라도 리더로 성공한다는 이야기다. 요즘 출간되는 자기계발서의 상당 부분이 습관과 연관된 것이라는 점도 이와 같은 맥락이다.

공부도 마찬가지로 공부하는 습관이 가장 중요한 요소다. 공부를 잘하는 학생들의 비밀도 결국은 습관이다. 예습과 복습을 철저히 하는 습관만 갖춰도 우등생이 되는 것은 어렵지 않다. 그러므로 부모들은 아이들이 좋은 습관을 갖도록 최선을 다해야 한다. 습관화된 생활이란 다른 말로 표현하자면 계획적인 삶이라고 할 수 있다. 규칙적인 수면과 식사, 공부를 하는 아이는 매우 안정적으로 생활할 것이다.

물론 엄밀히 말해서 자기 관리 자체를 습관과 동일시할 수는 없다. 자기 관리 영역은 생각보다 광범위하다. 시간, 마음, 태도, 비전, 스트레스, 건강, 돈, 영성, 인간관계, 갈등 등이 자기 관리 영역에 포함된다. 이렇듯 자기 관리란 자신이 가지고 있는 모든 것을 자신 스스로 관리함으로써 자신의 가치를 높이는 것이다.

아이가 계획한 대로 실천하고 자신을 잘 관리해나가기를 바라지 않는 부모는 아마 없을 것이다. 하지만 그렇게 하기 위해 부모가 무엇을 해야 할지 잘 아는 부모도 별로 없는 듯하다. 칼 비테가 어떻게 자기 아이에게 스스로 인생을 계획하게 했는지 살펴보자. '6시에 일어나서 6시 반에 산책하고, 8시엔 외국어 공부 그리고 9시에는 역사 공부…….' 이처럼 칼 비테는 사람의 인생이 유한하기 때문에 시간을 정확하게 계획해야만 쓸데없는 낭비를 줄일 수 있다고 생각했다. 칼 비테는 아이에게 계획적으로 생활하게 함으로써 시간의 소중함을 일깨우고 좋은 습관을 길러주려 했다. 시간 계획에 철저한 칼 비테의 생활은 자연히 아이의 학습에 매우 긍정적인 영향을 미쳤다. 나아가 칼 비테는 아이가 여덟 살이 되자 아이로 하여금 직접 시간 계획을 세우게 했다. 그리고 아이의 하루 일과에 전혀 관여하지 않았고, 아이로 하여금 직접 24시간을 활용하게 했다. 그때부터 칼 비테의 아이는 계획은 물론 공부도 혼자 스스로 했다. 그 뒤로 칼 비테가 강조한 것은 원칙을 지키고 시간을 엄수하는 것이었다.

우리는 어떤가? 부모 스스로 얼마나 규칙적인 생활을 하며 또 시간을 얼마나 효율적으로 관리하는가에 대해 자신 있게 답하기 어려울 것이다. 부모가 그러할진대 아이들에게 규칙적인 생활과 시간을 소중히 여기는 습성이 길들어 있겠는가? 결코 쉬운 문제가 아니다.

계획만 세운다고 성적이 오르지는 않는다

계획력은 체계적이고 꾸준히 자기를 관리하기 위한 계획을 세우고 계획에 따라 생활할 수 있는 능력을 말한다. 그런데 대부분의 학생들이 계획력이 없다. 그런 아이들은 계획을 세우는 것 자체를 시간 낭비라고 여기거나, 시험공부를 시작할 때 무엇부터 해야 할지 잘 모르는 경우가 많다. 또한 공부를 할 때도 그때그때 상황에 따라 바꾸거나 벼락치기로 공부하는 특징을 보인다. 아울러 이런 학생들 대부분이 결심을 했다가도 친구의 유혹이나 다른 재미있는 놀이에 빠져서 계획대로 실천하지 못하고 결국 후회하는 스타일이다.

반면 계획성 있는 학생들은 자신이 공부할 양을 미리 정해놓고 공부하며, 목표로 하는 것을 수치화하거나 구체적으로 정하는 경우가 많다. 또한 늘 수첩을 갖고 다니면서 기록하는 습관이 있으며, 유혹에 넘어가지 않기 위해 궁리하는 특성이 있다.

여러분 혹은 여러분의 아이는 어떤 유형에 속하는가? 아마 대부분 아무 계획 없이 학교에 다니는 경우가 많을 것이다. 그렇다고 계획성 있는 아이의 계획표를 따라할 수도 없다. 왜냐하면 학생 각자가 소화할 수 있는 분량이 다르기 때문이다. 그렇기 때문에 철저하게 자기 수준에 맞는 계획을 짜야 한다. 자신의 능력에 맞게 분량을 정하되, 자신이 잘하는 과목과 더 비중을 두어야 하는 과목 그리고 그렇지 못한 과목을 비중에 맞게 정도껏 배치하자. 그런데 계획만 잘 세운다고 성적이 저절로 올라갈까? 물론 완전히 무계획적으로 살아온 아이들 중에는 계획만 세워도 일정한 성과를 보이는 경우가 있다. 그만큼 계획이 중요하다. 하지만 계획이 모든 것을 좌우하지는 않는다. 계획대로 얼마나 실천하는가가 관건이다.

그렇다면 어떻게 실천할 것인가? 실천력 있는 아이들은 반드시 자신이 세운 계획이 잘 실행되었는지를 확인하고, 만약 제대로 실행되지 않았다면 그 이유를 분석한다. 그리고 무엇보다 시간이 지체되는 한이 있더라도 미리 정한 공부의 양을 반드시 완수하는 특징이 있다. 그 결과 이들은 똑같은 이유로 계획을 실행하지 못하는 경우가 없다.

사실 실행을 제대로 하기 위해서는 엄청난 노력이 수반된다. 어려운 과정에서도 계획한 것을 반드시 실천하는 습관을 기른다면, 계획은 곧 실천을 의미하게 된다. 그렇게 되면 코비가 말한 것처럼 원칙 중심의 리더가 될 수 있다.

실천 피드백을 위한 열 가지 질문

피드백이란 어떠한 행동을 하고 난 뒤에 그 결과를 토대로 다음 행동의 방향을 결정하는 것을 말한다. 쉽게 말해서 수립된 계획이 잘 실천되었는가를 평가하고 분석하여 다음 계획에 반영하는 것이다. 이 피드백 과정은 자기 자신을 관리하는 데 있어 무엇이 문제인지를 발견하고 보완해가는 과정이라는 점에서 매우 중요하다. 자기관리에 성공한 사람들은 대부분 이 피드백 과정에서 철저했다. 이 과정이야말로 자신을 전략적 실천자로 만들 뿐 아니라 지속적으로 성장시켜 끝내 성공하도록 만들 것이라고 확신하기 때문이다.

피드백의 내용은 우선 지난주의 계획 대비 실천 그리고 목표 대비 달성 사항들을 평가함과 동시에, 자신이 잘한 점과 잘 못한 점을 찾아내는 것이다. 그러고 나서 종합적인 소감을 정리하면, 다음주에 어떻게 하면 더 계획성 있게 살아갈 수 있을지를 알 수 있다.

아이를 계획성 있는 아이로 바꾸려면 이러한 계획과 실천 그리고 피드백의 전 과정을 아이에게만 강요하지 말아야 한다. 가령 일요일 밤에 가족 모두 한자리에 모여서 다음과 같이 지속적으로 실천해보자. 각자가 가족 앞에서 한 주 동안의 계획과 목표가 무엇이었는지 말하고, 한 주가 끝나면 서로 얼마나 실천했는지를 말하고, 피드백 과정을 거쳐 새로운 목표를 세우고 새로운 각오를 밝힌다. 이 과정을 반복하면 그야말로 자기 관리가 철저한 가족으로 거듭날 것이다.

피드백 과정에서 활용되는 '체크 10문항'은 다음과 같다.

① 계획한 목표는 어느 정도 달성했는가?

② 목표 수립에 잘못된 점이 있었는가?

③ 공부하는 데 방해 요인이 있었는가?

④ 수업시간에 충실했는가?

⑤ 모르는 문제가 나왔을 때 질문을 했는가?

⑥ 예습, 복습은 어느 정도 했는가?

⑦ 연기된 계획을 다른 여유 시간에 실천했는가?

⑧ 다음주에 더 열심히 집중해서 공부해야 할 과목은 무엇인가?

⑨ 이번 주에 잘한 점을 발견해서 자신을 칭찬하라.

⑩ 다음주에 실천할 나의 다짐을 글로 적어라.

자녀의 성적표와 시험지를 분석하라

목표 관리에서 언급했듯이, 부모들은 장기적인 목표를 수립하고 중기 목표를 구체적으로 세우고 나서 교육을 시켜야 한다. 그렇지 않으면 주관 없이 자녀를 이리저리 데리고 다니기 십상이다.

많은 대화와 관찰을 통해 자녀의 성향과 가치관 그리고 하고 싶은 것, 잘하는 것 등을 파악했다면, 어떤 인물로 키울 것인지 어느 정도 그림이 나와야 한다. 그래야 초등학교 때는 어떤 교육을 시킬 것이며, 중·고등학교 때는 어떤 학습전략으로 접근할 것인지 알 수 있다. 즉 모든 계획과 전략은 자녀를 정확히 판단한 후 이루어져야 한다. 학습 능력이 탁월하고 지식 축적 능력이 남다른 아이인데 그에 맞추어 교육시키지 않고 그냥 방치하는 것도 부모로서 역할을 다하지 못하는 것이다. 그러나 늦되는 아이나 학습 능력이 떨어지는 아이를 어렸을 때부터 이것저것 배우게 한다면 공부에 흥미를 갖기도 전에 싫증나서 포기할 수도 있다. 그러므로 항상 세심하게 아이를 관찰하고 아이와 대화함으로써 정확히 이해하고 파악하는 것이 중요하다.

단기 목표를 실천하기 위한 전략으로 가장 먼저 아이를 파악해야 한다. 우선 아이의 성적표(적어도 1년간의 성적표)를 모두 모아서 비교하고 분석한다. 그래프를 이용하거나 표로 만들어서 한눈에 볼 수 있게 하여, 전략 과목과 취약 과목이 한눈에 보이게 만든다.

더 자세히 분석하기 위해서는 과목별로 취약한 부분을 알아내는 것이 바람직한데, 시험지를 모두 모아서 분석해야 한다. 만약 시험지가 없다면 문제집을 통해서도 알아낼 수 있다. 특히 주요 과목에서 어떤 부분이 약한지 알아본다. 영어인 경우 약한 부분이 어휘력인지, 문법인지, 독해력인지, 또 수학의 경우 연산인지, 도형인지, 함수와 그래프인지 파악하고 있어야 한다. 그래야 계획을 세울 때 무엇을 우선순위로 할 것인지, 시간을 어디에 많이 할애할 것인지를 결정할 수 있다. 만약 중하위권 학생이라면 전략 과목과 자신 있는 부분부터 공부하는 것이 옳다. 약한 과목을 끌어올리기 위해 무리하게 계획을 짜면 달성률이 낮고 갈수록 실천의지도 낮아져서 실패하기 쉽다. 그러나 중상위권 학생이라면 취약 과목과 약한 부분에 많은 시간과 노력을 들여서 넘기 힘든 산을 넘어야만 최상위권으로 진입할 수 있다.

플래너로 목표를 세분화하라

자신에 대한 분석이 끝나고 단기 목표가 세워지면 그에 따라 계획을 세워야 한다. 즉 단기 계획의 가장 중요한 부분은 주간 계획이다. 공부를 잘하기 위해서는 사실 장기 목표보다 단기 목표가 중요하다. 장기 목표를 원대하게 세우는 것은 아주 긍정적이지만, 장기 목표는 당장의 실천에는 큰 영향을 끼치지 않는다. 장기 목표는 크게 세우고 꿈을 실현하기 위해서는 열심히 노력하지 않는 학생들이 많다. 반성이나 피드백 과정을 거치기 힘든 것이 장기 목표이다. 따라서 공부와 관련하여 일 년 목표, 한 달 목표 모두 중요하지만 가장 중요한 것은 일주일 목표이다.

주간 계획을 세우기 위해서는 다이어리나 플래너를 준비해야 한다. 모든 계획과 실행 결과, 피드백 과정을 플래너에 기록하여 체계적으로 계획을 세우는 습관을 길러야 한다. 자기주도학습은 플래너를 쓰는 습관만으로도 큰 효과를 볼 수 있다.

주간 계획에 들어가야 할 요소들로는 다음과 같은 것들이 있다.

① **하루 중에서 공부가 가능한 시간** 학교와 학원에서 배우는 시간을 제외한 시간으로, 여기에는 학교에 오고 가는 시간, 쉬는 시간, 아침 등교 준비하는 시간 등 자투리 시간도 포함된다.

② **스스로 공부하는 시간** 숙제하는 시간도 여기에 포함된다. 학원에 많이 다니는 학생은 사실 숙제하기에도 빠듯한 경우가 많다.

③ **하루에 공부할 과목과 분량** 최대한 구체적으로 적는다. 시간으로 적는 것이 아니라 반드시 분량을 적어서 실천해본 다음 얼마나 걸렸는지 시간을 확인한다. 예를 들어 국어는 교과서, 참고서, 문제집, 영어는 문법서, 독해집, 듣기 교재, 단어집, 수학은 선행, 개념, 심화 등으로 나누어서 어떤 과목을 어떤 교재로 얼마큼 공부할 것인지 일주일 단위로 적고 적절히 시간을 배치한다.

④ **우선순위** 공부할 것은 많은데 모두 실행하지 못할 경우를 대비해서 꼭 해야 할 것에 우선순위를 매긴다.

⑤ **현재 상황** 완료, 연기, 취소, 진행 등 현재 상황을 표시한다.

⑥ **여유시간** 계획을 세우다 보면 마음만 앞서서 너무 빡빡하게 짜는 경우가 많은데, 반드시 여유 시간을 일주일에 세 시간 이상 두어야 한다. 만약 뜻하지 않은 일이 생기거나 미처 다 하지 못한 계획이 발생했을 경우 미루어서 실천할 시간이 있어야 한다. 그렇지 않으면 달성하지 못한 계획이 항상 생기고 그만큼 성취감도 떨어지므로 긍정적이지 못하다. 그리고 계획대로 모두 실천했을 경우에는 맘 놓고 놀 수 있게 하는 것이 좋다. 돈을 들이지 않고 시간으로 포상하는 것이다.

⑦ **자투리 시간 계획** 자투리 시간은 생각보다 많다. 학교에서의 쉬는 시간이나 학교에 등교하기 전에 조금 남는 시간, 학원에 가기 전 시간 또는 학교나 학원에 가는 시간 등 대충 계산해도 2시간 정도가 생긴다. 이 시간에 해야 할 것을 계획해야 한다. 밤늦게까지 공부하는 수험생이라면 잠깐 피로를 풀고 부족한 잠을 채울 수도 있다. 아니면 이 시간에 영어 단어를 외우거나, 책을 읽거나, 아니면 영어 듣기 테이프를 듣는 등의 계획을 구체적으로 세워서 실천하려고 노력한다. 아무 생각 없이 이런 시간을 버리면 결코 공부의 신이 될 수 없다.

⑧ **피드백 과정** 플래너의 요소 중에서 피드백이 가장 중요하다. 피드백은 앞서 말한 열 가지 항목에 대해 답하는 과정을 통해 완벽하게 할 수 있다. 주로 일주일의 마지막인 일요일 저녁에 하는 것이 좋다. 만약 가능한 가정이라면 부모와 대화를 하면서 피드백하는 것도 긍정적이다. 온 가족이 모여 일주일 계획을 세우고 같이 피드백을 하는 것이다. 부모 또한 일주일을 계획하는 것은 사회생활을 하든 전업주부든 생활을 개선하고 발전시키기 위한 필수 습관이다. 이러한 과정에서 서로 대화하고 사고하며 정리하고 표현하는 연습을 하게 된다. 돈 들여서 논술학원에 보내는 것보다 부모와 진지한 대화를 많이 하는 것이 역량을 키우는 데 효과적이다. 《가난하다고 꿈조차 가난할 수는 없다》의 저자 김형근은 부모나 선생님 같은 어른들과 대화하면서 자기 표현력과 사고력이 성장했다고 한다.

◆ 전략 세우기

- 1단계─자신의 공부 역량을 진단하여 강점과 약점을 파악하고, 자신 있는 과목을 강화하고 부족한 과목을 보완할 대안을 함께 토론해보자.

- 2단계─입학사정관제에 대한 자신의 강점과 단점, 기회와 위협 요인을 분석하라. 분석된 강점과 기회 요인을 중심으로 실력을 쌓아가되, 약점과 위협 요인에 대해 점진적으로 보완한다.

예

〈강점〉	〈약점〉
• 발표력이 뛰어남. • 문장력이 뛰어나며 글쓰기를 좋아함. • 독서를 즐김.	• 지나치게 다방면에 관심을 보여 목표가 불분명함. • 체력이 약함. • 사회 봉사활동에 대한 관심이 부족함.
〈기회 요인〉	〈위협 요인〉
• 면접과 발표, 토론 등에서 뛰어난 실력을 발휘할 수 있음.	• 학과 적성과 관련하여 일관된 노력을 보여줄 수 없을 것으로 보임.

⇒ 분석: 성격검사 등을 통해 희망 직종과 학과를 복수로 선정하여, 그에 준한 활동을 병행하는 것이 바람직하다.

- **3단계**

1. 자신의 생활패턴을 분석하고, 자신이 보완해야 할 영역들을 새로운 계획표에 포함시킨다.

2. 혼자 공부할 과목과 학원 등에서 보충해야 할 과목에 대해 부모님과 의논하고 시간표를 확정한다.

3. 주간별 평가를 통해 지속적으로 보완해간다.

◈주간 계획 수립하기

1. 하루에 스스로 공부하는 시간 적기 시간 일기를 통해서 알 수 있다. 이때 숙제시간도 포함한다. 학원 숙제하는 것도 공부이므로 이 시간을 포함해야 성취감을 느낄 수 있다.

2. 일주일 동안 해야 할 과목 적기

> **예** 주요 과목 예습 및 복습, 학원 숙제, 텝스(TEPS), 수학 문제집 풀기와 그 밖에 운동이나 독서 그리고 인터넷 강의 등 해야 할 모든 것들을 한꺼번에 적은 뒤에 시간을 적절히 배치한다. 이때 너무 무리하여 시간을 나누지 않는다. 최소 80퍼센트 이상 성취율을 달성할 수 있도록 해야 적당하다.

3. 여유 시간 확보하기 여유 시간을 반드시 적어서 그 주에 달성하지 못한 계획을 시간 안에 해낼 수 있게 한다. 그러면 달성할 확률을 높일 수 있다.

4. 자투리 시간 활용하기 자투리 시간을 체크하고 그 시간에 할 일을 정해서 버리는 시간이 없도록 노력한다.

5. 그날 저녁에 점검하기 저녁마다 다시 다음 날 할 일을 구체적으로 적고, 실행한 후에는 시간과 분량을 정확하게 적는다.

6. 피드백하기 주말에 피드백 과정을 꼭 거친다. 가족과 함께하는 것도 좋다.

04

글로벌 리더십 역량

글로벌 리더로
살아갈 아이들

"세상은 한 권의 책이다. 집에 머무르는 자는 단지 한 페이지만 읽을 뿐이다."

— M. K. 프렐링하위선

글로벌 리더는 무엇을 공부할까

20세기가 국지적 시각을 가진 인재를 요구했다면, 21세기는 지구촌의 문제를 해결할 수 있는 문화 감수성과 언어 능력 그리고 다양한 역량을 갖춘 글로벌 리더를 필요로 한다. 따라서 21세기를 살아갈 아이들은, 변화를 주도하고 즐길 줄 알면서도 가치와 일관된 원칙을 지니며, 권위보다 주변에 영향력을 미치며 인기가 있고, 그러면서도 세계 문제들에 관해 책임의식과 봉사정신 그리고 포용력을 갖추어야 한다. 그렇다면 이러한 품성과 역량을 갖춘 인재는 어떻게 만들어지는가? 앞서 살펴보았듯이 가치와 자존감, 비전과 목표의식, 전략과 실천 그리고 세계 민주시민 의식 등의 역량을 고루 갖춰야만 한다. 한마디로 글로벌 리더십을 배우고 익혀야 한다.

훌륭한 부모들은 아이들과 자동차로 이동할 때 아인슈타인이나 모차르트, 토머스 에디슨 같은 위인들의 전기가 담긴 시디를 틀어준다고 한다. 그들이 위인들과 친숙해지도록 자녀를 이끄는 이유는 위인들의 정신세계를 연구하면 자신의 지성도 높아지기 때문이다. 다시 강조하지만 오직 스스로 리더라고 생각하는 자만이 리더가 될 수 있다. 그리고 리더와 친숙한 자만이 스스로 리더가 될 꿈을 꾼다.

많은 사람들은 여전히 '글로벌 리더' 하면 미국과 유럽에서 활동하는 사람들을 떠올린다. 물론 지구상의 글로벌 리더들 대부분이 미국과 서방에서 출생한 사람들일 것이다. 따라서 글로벌 리더가 되기 위해 미국이나 서방으로 유학을 가는 것은 아마 자연스러운 현상일지도 모른다. 그런데 "글로벌 리더는 지금 무엇을 공부하고 있을까?"라는 질문을 해보면 사정은 조금 달라진다. 대학생들에게 그런 질문을 해보았더니, 오바마 대통령이 여름휴가 때 읽은 책들이나 비즈니스맨들이 일상적으로 배우는 경영지식을 떠올렸다. 그러나 현실은 조금 다르다. 만약 정치적 리더라면 세계 분쟁 지역에 대해 올바로 이해하고자 노력할 것이고, 구체적으로 중동 지역이나 한반도 문제에 대해 올바른 해법을 찾기 위해 공부할 것이다. 또는 에너지

안보를 위해 자원과 에너지에 대해 공부할 것이다. 이른바 녹색 리더 (Green Leader)가 되고자 노력할 수도 있다. 비즈니스맨이라면 자본 의 흐름을 추적하는 연구를 한다. 지금 자본은 세계적으로 서에서 동 으로 흐르고 있다. 중국과 우리나라 쪽으로 자본이 이동하고 있다는 것은 주지의 사실이다. 아울러 브릭스(BRICs)에 속하는 나라들도 주 목해야 한다. 따라서 경제적 리더들은 브라질, 러시아, 인도, 중국에 대해 공부할 것이다. 그곳에 돈이 있기 때문이다. 비정부기구(NGO) 의 지도자라면 아마 아프리카 같은 빈곤 지역을 연구할 것이다.

또한 만약 당신이 글로벌 기업의 대표라면 어떤 사람을 선발할 것 인지 생각해보라. 만약 미국 기업이 한국인을 뽑는다면 그 이유가 무엇이겠는가? 그가 미국에 대해 잘 알거나 미국말을 잘해서라기보 다 한국에서 살아온 경험이 필요하기 때문에 선발할 것이라는 점을 잊지 마라.

필자는 대학에서 '글로벌 리더십'을 강의하면서 수업 시간의 상당 부분을 학생들의 고정관념, 즉 글로벌 리더의 모델을 서구에서만 찾 고자 하는 생각을 깨는 데 할애한다. '글로벌'이라는 용어의 보편성 과 특수성을 생각한다면, 그 절반 이상을 자기 내면에서부터 찾아나 가는 것이 옳다. 왜냐하면 국제사회에서 한국인이 글로벌 리더로서 어떤 조직이나 사회에 참여하고 기여하는 것은, 결국 한국인으로서 의 경험과 지혜를 다른 문화에서 온 사람과 공유하고 조합하는 능력 을 가질 때만 가능하기 때문이다. 지금 글로벌 리더가 되기 위해

<u>필요한 것은 오히려 우리의 역사와 고전에 대한 이해와 학습</u>
<u>이다.</u> 우리 고전이 담고 있는 사상 체계는 21세기의 어떤 사상 체계보다도 깊이가 있다. 동양 고전은 도덕과 자기 절제를 가르친다. 민주 사회에서 사람들의 지혜와 역량을 조화롭게 결집시킬 인재를 키워낼 수 있는 내용이 동양 고전 속에 있다. 고전에 대한 이해는 21세기를 살아가기 위한 힘이 될 것이다.

우리의 역사와 전통 문화에 대해 제대로 설명할 수 있어야 세계인들을 상대로 대화를 펼칠 수 있으며, 우리 문화의 원형을 이해해야만 '한류'와 같은 문화산업을 이끌어갈 수도 있는 것이다. 황광욱이 쓴 《동양철학 콘서트》에서는 공자, 노자, 묵자 등의 동양사상을 접할 수 있으며, 이혜경이 엮은 《이야기 조선왕조 오백년사》는 태조에서 순종까지 조선왕조 5백년의 역사를 잘 소개하고 있다. 아울러 정약용의 《목민심서》 등도 꼭 읽어둘 필요가 있다.

국제사회에 이바지하는 리더로 키워라

국제사회는 우리나라의 젊은이들이 국제사회에 이바지하는 글로벌 리더가 되기를 원한다. 말하자면 단순히 의사가 되기를 원하기보다 빈곤 지역의 의료 활동을 지원하기 위해 의학을 연구하고 의사가 되기를 바라는 젊은이들로 성장하기를 요구한다.

아시아인 최초로 미국 아이비리그의 총장이 된 김용 다트머스대 총장은 한국의 젊은 학생들에게 폭넓은 독서와 사고를 통해 큰 비전을 세울 것을 주문한다. 또한 김 총장은 "높은 시험점수로 좋은 대학에 들어가 좋은 직장을 갖는 목표를 넘어 세계를 더 나은 곳으로 만들 리더가 되겠다는 큰 비전을 갖는 것이 더 중요합니다."라며, 국제사회에 이바지하는 일꾼이 되기를 권고한다. 그러기 위해서 젊은이들에게 마틴 루터 킹이나 넬슨 만델라의 전기, 폴 파머에 관한 이야기를 담은 《작은 변화를 위한 아름다운 선택》 같은 책을 많이 읽으라고 추천한다. 마틴 루터 킹이나 넬슨 만델라 그리고 의사 폴 파머는 개인의 실천을 통해 세상을 바꾼 리더들이다. 특히 폴 파머는 하버드대학 교수이자 의사로서 국민 1인당 하루 평균 소득이 1달러밖에 되지 않는 서반구의 최빈국 아이티에서 의료봉사를 펼친 슈바이처 같은 인물이다.

어떻게 하면 우리 아이들에게 그러한 비전을 심어줄 수 있을까? 우선 캄보디아나 티베트 등 우리나라에서 비교적 가까운 오지를 체험하는 봉사활동을 조직해보는 것도 한 방법이다. 이러한 오지 체험과 봉사활동은, 특히 동기 부여가 잘 되지 않아서 공부에 열의가 없는 아이들에게 매우 효과적인 활동이다. 한 학생은 오지 체험을 다녀와서 자신이 왜 공부해야 하는지 그리고 왜 영어를 배워야 하는지를 깨닫게 되었다고 토로하기도 했다.

국제사회에 봉사하고자 하는 동기 부여가 오지 체험만으로 가능한 것이 아니다. 너무도 열악한 주거환경 때문에 고통 받는 사람들을 위해 집을 지어주는 해비타트(Habitat for Humanity) 운동이나, 국제구호개발 시민단체인 굿네이버스, 전 세계 빈민을 지원하고 후원하는 기브 스타트(Give Start) 운동, 유니세프 등 국제기구에서 행하는 봉사 및 후원활동 등 참여할 수 있는 방법이 많이 있다. 이와 같은 활동을 통해 국제사회에 참여하고 국제사회의 문제에 한 발 다가가는 계기를 마련함으로써 자신이 왜 열심히 살아야 하는지를 느끼게 되면 더욱 향학열을 불태울 것이다. 이처럼 국제구호활동에 관심을 갖게 하기 위해서는 우선 그와 관련된 책을 읽게 하는 것이 효과적이다.

<국제구호 봉사활동 관련 도서>

• 조병준, 《제 친구들하고 인사하실래요? : 오후 4시의 천사들》, 그린비, 2005

• 코지마 요시미, 윤태영 옮김, 《마더 테레사의 소망》, 새터, 1999

• 비브 그릭, 한화룡 옮김, 《가난한 자들의 친구》, IVP(한국기독학생회출판부), 1997

• 주성수, 《자원봉사와 시민사회》, 한양대학교출판부, 2000

• 편집부, 조효제 옮김, 《NGO의 시대(지구시민사회를 향하여)》, 창비, 2000

• 프란시스 무어 라페 외, 허남혁 옮김, 《굶주리는 세계 : 식량에 관한 열두 가지 신화》, 창비, 2003

• 야마모토 도시하루, 문종현 옮김, 《세상에서 가장 수명이 짧은 나라》, 달과소, 2003

• 한비야, 《지도 밖으로 행군하라》, 푸른숲, 2005

• 미셸 아르스노, 이재형 옮김, 《아프리카 내사랑》, 들녘, 2004

- 야마모토 도시하루, 문종현 옮김, 《나는 아프리카로 간다》, 달과소, 2005
- 나렌드라 자다브, 강수정 옮김, 《신도 버린 사람들(Untouchables)》, 김영사, 2007
- 다나카 유 외, 이상술 옮김, 《세계에서 빈곤을 없애는 30가지 방법》, 알마, 2007
- 이스마엘 베아, 송은주 옮김, 《집으로 가는 길》, 북스코프, 2007
- 장 지글러, 유영미 옮김, 《왜 세계의 절반은 굶주리는가?》, 갈라파고스, 2007
- 무하마드 유누스 외, 정재곤 옮김, 《가난한 사람들을 위한 은행가》(그라민 은행 설립자 무하마드 유누스 총재 자서전), 세상사람들의책, 2002
- 프란스 판 데어 호프 외, 김영중 옮김, 《희망을 거래한다 : 가난한 사람들의 무역회사 막스 하벌라르》, 서해문집, 2004

영어 신문 읽기와 영어 가족신문 만들기

아이들에게 영어를 가르치는 것은 영어 성적이 좋으면 좋은 학교에 진학할 수 있기 때문이기도 하지만, 세계무대에서 살아남는 인재로 키우기 위해서다. 나아가 지구촌 문제에 함께 참여하는 데 손색이 없는 글로벌 리더로 키워야 하기 때문이다. 따라서 부모부터 글로벌 이슈에 대해 배우고 잘 소화하여 아이들이 글로벌 이슈에 관해 관심을 갖도록 유도해야 한다. 하지만 정작 글로벌 이슈에 대해 알고자 해도 무엇부터 어떻게 파고 들어가야 할지 막막할 것이다. 그렇다면 《르몽드 세계사: 우리가 해결해야 할 전 지구적 이슈와 쟁점들》 같은 책을 구해서 읽어보길 권한다. 《르몽드 세계사》에는 최고의 전문가들이 참여해 경제, 군사, 정치, 문화, 환경, 이데올로기 전 분야에 걸쳐 방대하고도 독보적인 정보를 담았다. 현대 세계를 이해하고자 하는 부모들에게 기초적이면서도 유익한 참고도서가 될 것이다.

또 매주 부모가 아이와 함께 주제를 하나씩 정해 토론해나간다면, 자연스럽게 글로벌 이슈에 대해 자신감을 갖게 될 것이다. 가령 '가속화되는 극지방의 해빙'에 대해 함께 책을 읽고, 필요하다면 인터넷 검색을 통해 자료를 수집해서 에세이를 써보게 하면 논술 실력도 더불어 향상될 것이다. 그뿐만 아니라 그 주의 주제와 관련하여 영화나 다큐멘터리를 가족이 함께 보고 이야기를 나눈다면, 금세 지구촌 문제에 해박한 가족으로 변모할 것이다.

최근 보도를 통해 잘 알려진 바와 같이, 한국의 외국어고등학교나 과학고등학교에 진학중인 학생들이 국제적으로 저명한 학술지에 논문을 게재하여 세간에 화재가 되고 있다. 요즘 웬만큼 영어 실력이 있는 아이들은 영어 신문을 해독할 수 있다. 가족이 함께 청소년들을 대상으로 하는 영어 신문을 읽으며 한 주간의 주요 뉴스가 어떤 것이었는지 토론해보는 것도 좋다. 이 과정은 한마디로 일석삼조라고 할 수 있다. 아이들이 시사 문제에 관심을 갖고, 게다가 가족간의 화목도 다질 수 있다. 동시에 영어 단어를 외울 수 있으므로 영어 실력까지 올려준다.

만약 아이를 외고에 보내거나 외국에 유학을 보낼 계획이 있는 부모라면 반드시 영어로 가족신문을 만들어보라. 처음에는 가족의 일상과 관련된 이야기를 모아 A4 한 장 정도로 시작하다가, 실력이 좋아지면 부모님의 사설이나 사회 현상에 대한 자신의 생각을 담은 에세이도 넣으면서 수준을 향상시켜 간다. 만약 중학교 1학년이라면 약 3년간에 걸친 신문이 만들어질 것이고, 그것을 묶어서 입시에 제출할 자료로 사용할 수도 있다. 3년 동안 학생의 영어 실력이 변화해가는 과정과 그 사이에 기울인 노력 그리고 가족의 가치관이 고스란히 묻어 있는 이러한 자료는 입시에 강력한 플러스 요인이 될 것이다. 이러한 활동이 참작되어 입학이 허락된다면, 최고들만이 들어갈 수 있는 대학 편집부에서 일할 기회가 주어질 가능성도 높다.

◈ 글로벌 이슈 따라잡기

아이를 지구촌 사회문제에 관심을 갖도록 유도하라. 그리고 신문을 보면서 퀴즈를 푸는 시간을 가져라. 가령 다음과 같은 단어를 나열해놓고 인터넷을 검색하거나 사전을 찾아서 답을 맞히는 게임을 해본다. 다소 어렵게 느껴질 수 있지만, 부모와 함께 답을 맞혀보고 왜 그 단어들이 중요한지를 함께 생각해본다.

예
① 쿠리치바
② 출구 전략
③ 토빈세
④ 유비쿼터스
⑤ 요아니 산체스
⑥ 래리 앨리슨
⑦ 베이브 루스
⑧ 마쓰시다정경숙
⑨ 모리타 아키오
⑩ 바세나르 협약

아울러 아이들과 함께 글로벌 이슈와 연관된 다큐멘터리나 영화를 본 다음 자연스럽게 토론하는 시간을 자주 만들어라. 그리고 방학을 이용하여 세계인의 관심이 모이는 국내 명소로 학습여행을 가는 것도 매우 유익하다.

◈ 영어 가족신문 만들기

한 달에 한 번 영어로 된 가족신문을 만들자. 전지를 사용해도 좋고, 적당한 크기로 잘라도 좋다. 이러한 작업을 통해 아이들의 영어 실력을 확인할 수 있다. 사진 같은 시각자료로 꾸미기도 하면 아이들이 더욱 재미있어 한다.

Part 3

양날개를 달고 날아오르자

변화된 입시 제도인 입학사정관제는 20세기 초반에 미국에서 도입된 제도이다. 19세기 후반 미국의 대학들이 라틴어나 그리스어 같은 고전 교육을 축소하자, 미국의 명문대를 유대인들이 대거 장악하게 된다. 그러자 미국의 앵글로색슨계 백인, 곧 주류 세력들이 성적순 선발과 다른 제도로 마련한 것이 바로 입학사정관제다.

미국에서 실시하는 입학사정관제의 모습은 영화를 통해서도 엿볼 수 있다. 〈금발이 너무해〉라는 할리우드 영화를 보면, 외모를 가꾸는 것이나 패션에 관심이 많은 공주 클럽 같은 곳의 회장 역임, 미인대회 우승이라는 독특한 이력이 있는 여주인공이 하버드대학 로스쿨에 지원하고자 한다. 주인공은 우선 로스쿨 학력시험(합격 점수 175점 이상)에서 179점을 받아서 하버드대에 지원할 자격을 얻었다. 그러고 나서 대학에 가서 직접 면접을 보는 장면은 나오지 않지만, 리키 마틴의 뮤직비디오 출연 같은 다양한 과외활동과 자신을 알릴 수 있는 비디오 촬영 등을 통해 다양성을 추구하는 하버드대학 입학사정위원회의 의결을 거쳐 하버드 로스쿨에 입학한다.

이처럼 입학사정관제는 지나치게 학교 성적에만 치중하는 우리나라의 현실에서 아이들의 다양성을 키울 수 있는 방식으로의 변화, 즉 교육 패러다임의 전환이라 할 수 있다. 향후 입학사정관제가 어떻게 안착할지는 입학사정관제가 입학의 공정성과 객관성 그리고 투명성을 얼마만큼 확보하느냐에 달려 있다. 결론적으로 대학에 학생 선발권을 전적으로 부여하는 제도인 입학사정관제는 앞으로 시행하는 과정에서 수많은 부정과 특혜 논란에서 자유롭지 못할 것으로 예상된다. 하지만 우리나라로서는 이보다 더 큰 문제가 부모나 학생 들에 대한 충분한 홍보나 준비 없이 급작스럽게 입학사정관제가 시행되고 확대되고 있다는 점이다. 한국의 학부모와 학생 들은 입학사정관제를 준비하는 근본적인 방법에 대해 정확한 이해가 많이 부족한 상황이다.

주목해야 할 점은 이 새로운 교육제도가 성적이라는 절대적 기준의 평가를 탈피해 표현력이나 상상력, 판단력, 봉사정신 같은 인성적인 측면까지 평가에 반영하기 시작했다는 데 있다. 다시 말해 과거에는 단순히 주어진 문제를 해결하는 능력을 측정하는 것이 대학 입시의 기본이었다면, 입학사정관제에서는 그와 같은 기본적인 능력과 더불어 리더십, 의사소통 능력, 열정, 일관된 독서이력, 비판적 사고력, 협동심, 사회성 등 21세기 사회에서 중시되는 능력을 평가하는 것이 특징이다.

	진단 질문	◀ 매우 그렇지 않다			매우 그렇다 ▶	
①	나는 규칙적으로 다이어리를 쓰거나 수첩에 일과를 적어놓는다.	1	2	3	4	5
②	나는 시험이 끝나면 왜 틀렸는지 틀린 문제를 분석한다.	1	2	3	4	5
③	나는 수학 개념 문제를 정확히 알고 있어 다른 사람에게 설명할 수 있다.	1	2	3	4	5
④	나는 모르는 단어가 나오면 사전을 찾아서 꼭 알아낸다.	1	2	3	4	5
⑤	나는 매년 새해가 되면 1년 계획을 세운다.	1	2	3	4	5
⑥	나는 영어 실력을 높이기 위해 교과서 이외에 매일 꾸준히 다른 교재로 공부를 한다.	1	2	3	4	5
⑦	나는 수학 문제에서 왜 그런 답이 나오는지 증명할 수 있다.	1	2	3	4	5
⑧	나는 수업시간이 제일 중요하다고 생각한다.	1	2	3	4	5
⑨	나는 주간 계획을 세워서 실천하려고 노력한다.	1	2	3	4	5
⑩	나는 영어 듣기를 일주일에 세 번 이상 공부하고 있다.	1	2	3	4	5
⑪	나는 수학 문제를 풀 때 실수하지 않으려고 노력한다.	1	2	3	4	5
⑫	나는 교과서를 가장 기본으로 공부한다.	1	2	3	4	5
⑬	나는 계획을 잘 실천했는지 반성하는 시간을 정기적으로 갖는다.	1	2	3	4	5
⑭	나는 영어 잡지나 영어 신문을 통해 공부한다.	1	2	3	4	5
⑮	나는 국어 공부를 할 때 저자나 주인공의 생각을 파악하려고 노력한다.	1	2	3	4	5
⑯	나는 꾸준히 한자 공부를 했거나 한자를 많이 알고 있다.	1	2	3	4	5

⑰	나는 시험 일정이 잡히면 계획표를 만들어공부한다.	1	2	3	4	5
⑱	나는 수학 실력을 높이기 위해 개념에서 심화까지 체계적으로 공부한다.	1	2	3	4	5
⑲	나는 국어 문제를 풀 때 출제자의 의도를 알 수 있다.	1	2	3	4	5
⑳	나는 경시대회에 도전하고자 노력한다.	1	2	3	4	5

90점 이상: 아주 훌륭해! 완전 자기주도학습자 경지인걸!

80점 이상: 그 정도면 자기주도적 학습을 하는 것도 시간문제라고 봐!

70점 이상: 좋아, 조금만 더 노력하면 되겠어!

60점 이상: 한번 열심히 해보자고, 좋은 결과가 있을 거야.

50점 이상: 지금부터 시작해도 늦지 않아. 화이팅!

※ 자녀가 3점 이하로 체크한 항목에 대해서는 부모가 관심을 갖고 이끌어준다.

01

입학사정관제를 알아보자

"경험상 성공은 능력보다 열의에 의해 더 좌우된다. 성공하는 사람은 몸과 마음을 다해 전력투구한다."

— 찰스 벅스턴

무엇을 기준으로 학생을 선발하는가

미국의 대학들도 학생을 직접 인터뷰하거나 면접 과정을 통해 학생의 다양한 잠재력과 적성, 의지를 평가한다. 그러나 미국의 대학 입시는 무시험 전형에 가깝다. 제출하는 서류의 비중이 매우 높다. 입학사정관이 학교나 지역에 실사를 나가기도 하지만, 미국의 입학사정관제에서 서류의 비중이 높은 것은 그만큼 오랜 경험과 노하우를 쌓아왔고 고등학교의 자체 평가가 신뢰할 만한 수준이기 때문이다.

하지만 우리의 현실은 이와 다르다. 서류 그 자체만으로는 학생의 능력을 엄밀하게 평가할 수 없다. 실제로 각 대학들은 일선 고등학교에서 올라온 서류에 대해 아직 신뢰할 수준은 아니라고 말한다. 심지어 고등학교에서 올라온 서류들을 면밀하게 검토하여 점수화하겠다는 뜻을 밝히는 대학도 있다. 말하자면 신뢰지수를 만들겠다는 것이다. 따라서 현재로서는 1단계 서류 심사에서 몇 배수를 추린 뒤, 면접과 심층면접, 토론 평가 등 시험적 요소의 비중을 높여 적용시킬 것으로 보인다.

우리나라 입학사정관 전형의 단계는 크게 1단계 서류 심사와 2단계인 일반면접, 심층면접 혹은 토론 평가로 나뉜다. 1단계 서류 심사를 통과하기 위해서는 학생부 교과 성적뿐 아니라 비교과 영역의 성적과 다양한 활동을 입증해 보여야 한다. 자기소개서 혹은 추천서도 철저히 준비해야 한다. 지원하고자 하는 전공과 관련된 스펙을 오랜 기간 잘 준비해온 학생이 기본적으로 유리할 수밖에 없다. 또한 스펙을 포괄하는 서류 심사는 1단계에서만 반영되는 것이 아니다. 1단계를 점수화하여 2단계에서 반영하는 식도 아니며, 대개는 면접과 토론 능력을 평가하는 과정에서 서류까지 종합적으로 판단하는 경우가 많다. 이처럼 면접을 통해 정의적 특성, 곧 논리력과 사고력에 대해 평가하는데, 이는 스펙의 사실 관계를 확인하는 과정이기도 하다.

면접을 통해 스펙의 사실 관계를 확인하는 과정은 서류의 내용이 개별 학생에게 내재화되어 있는지를 확인하는 것이다. 곧 입상 실적이나 인증시험 성적, 봉사나 다양한 활동을 제대로 이행한 것인지,

스펙을 획득하는 과정에서 학생이 얼마나 많은 열정과 고민, 노력을 경주했는지를 확인한다. 가령 한 학생이 어떤 대회에서 입상했다는 단순한 사실로 끝나는 것이 아니라, 해당 대회에 어떤 이유와 동기로 참가했는지, 자신이 왜 입상했다고 생각하는지, 또 대회에 참가하면서 느낀 것은 무엇인지에 대해 논리정연하게 설명할 수 있어야 한다. 봉사활동의 경우도 참여 횟수나 다양한 경험 자체가 중요한 것이 아니라 참여한 목적과 체화된 경험 등을 얼마나 조리 있게 설명하는지가 중요하다. 단순히 외워서 말하는 것인지, 몸으로 체화하고 스스로 고민한 것인지를 입학사정관이 판단하기란 너무나 쉽다.

따라서 이러한 과정은 학생의 논리적 사고력과 발표력이 뒷받침되어야만 원하는 결과를 낳을 수 있다. 논리적으로 사고하고 문제의 지점을 종합적으로 평가할 수 있어야 하며, 조리 있게 말하는 의사소통 능력도 중요하다.

심층면접과 토론면접이란 무엇인가

대체로 입학사정관 전형은 일반면접 외에 심층면접이나 토론면접 평가를 실시한다. 그 내용은 논술적 주제를 모두 포괄하며, 거기에 전공적 특성이 더해지는 형태다. 따라서 기초 학업 성적과 스펙 쌓기도 중요하지만, 오랜 기간 사고력을 키우는 훈련이 병행되어야 한다. 서류 심사에는 반드시 독서에 관한 경험을 작성해야 하는데, 그 것은 그만큼 독서 역량과 자기표현 역량이 중요해졌음을 의미한다.

또 실질적인 입학사정관 전형이라 할 수 있는 입학사정관 전면 참여 전형은 거의 모두 토론 평가를 포함하고 있다. 흔히 '자기 추천 전형', '리더십 전형'이라고 이름 붙은 전형들이 여기에 해당한다. 입학사정관제에서 실시하는 토론 평가는 면접관으로 입학사정관이 참여하며, 지원 학생들을 조별로 나누어 토론 주제에 대해 찬반토론을 벌이게 하는 식으로 진행한다. 입학사정관은 토론 과정에서 학생이 제시하는 주장의 타당성과 설득력, 상대 주장에 대한 논박 능력, 타인의 생각을 이해하고 자신의 생각으로 종합하는 능력, 창의적 대안 제시 능력 등을 평가한다. 실제로 이 전형에 참가한 학생들은 "당락에 토론 평가가 결정적으로 작용했다."라고 토로했다. 따라서 토론 능력을 향상시키는 것이 무엇보다 중요하다. 서류만으로 모든 것을 평가할 수 없는 우리의 교육 현실로 볼 때 향후 입학사정관 전형에서 토론 평가는 갈수록 확대될 것으로 전망된다.

아울러 '관련 분야에 대한 소질 및 학업 적성'을 주요한 학생 선발 기준으로 삼고 있으므로, 학생이 자신이 선택한 학과와의 적합성을 스스로 증명해야 한다는 점도 눈여겨볼 대목이다. 따라서 어릴 적부터 자신의 적성을 올바로 파악하고 한 방향으로 일관되게 학습하고 체험 활동을 하는 것이 입시에 유리하다. 그러려면 조기에 비전과 목표 역량을 극대화해야 한다.

당분간 입학사정관 전형은 높은 경쟁률을 보일 것이다. 수능 성적이 낮아도 합격을 노려볼 수 있다는 기대감 때문이다. 하지만 그 경쟁률에는 허수가 많은 편이다. 제대로 준비하지 않은 채 외형적인 서류만 믿고 지원하는 경우가 많다. 만일 논술 능력이나 토론 능력이 일반 학생들보다 우수하다고 판단된다면, 경쟁률이 다소 높더라도 토론 평가가 포함된 입학사정관 전형에 지원하는 것이 좋은 방법이다.

눈에 띄는 입학 에세이 준비하기

만약 미국의 대학에 진학하려고 한다면 '입학 에세이'를 준비해야 한다. 미국 대학에 응시하려면 대략 예닐곱 가지 서류가 필요한데, 응시자 대부분이 에세이를 작성하는 데 사활을 건다. 이처럼 에세이 쓰기는 전략적으로 매우 중요하다.

프린스턴 대학의 입학처장인 프레드 A. 해거든은 에세이 작성에 대해 다음과 같이 조언한다. 첫째, 자신만의 에세이를 써라. 입학사정관이나 교수가 아닌 나 자신이나 가까운 친척, 친구를 상대로 글을 쓰라는 것이다. 두 번째 조언은 에세이를 쓸 때 그저 이야기를 한다고 생각하며 쓰라는 것이다. 강한 인상을 남기기 위해 길게 쓸 필요는 없다. 대학 측은 한 페이지를 넘지 않는 분량으로 쓰도록 요구한다는 점을 명심하라. 저자도 학생들에게 시험을 치를 때 시험지한 장을 넘지 말라고 미리 말한다. 그런데 꼭 많이 쓰면 좋을 줄 알고 많이 써 내는 학생이 있다. 그럴 경우 나는 어김없이 감점을 준다. 세 번째 조언은 틈나는 대로 잘된 작품을 많이 읽어보라는 것이다. 이것은 반드시 거쳐야 할 필수작업이다. 좋은 책이나 에세이를 읽으면 그와 비슷한 글쓰기 기술을 발휘하도록 자극받을 수 있다. 네 번째 조언은 글 속에 입학사정관들이 호의적으로 점수를 줄 것이라고 상상하는 이상적인 이미지가 아니라, 자신을 있는 그대로 반영하라는 것이다. 그렇다면 미국의 입학사정관들이 말하는, 에세이를 쓸 때 피해야 할 것들은 무엇일까?

첫째, 다른 수험생들이 쓸 만한 평범한 에세이는 쓰지 마라. 그런 에세이는 전혀 감동을 주지 못한다. 글을 쓴 뒤에 다른 아이들이 이미 썼거나 자신이 쓴 것과 비슷한 글들이 많을 듯하면 다시 써라. 둘째, 인상적인 에세이를 쓰기 위해 노력하는 것은 좋지만 읽는 사람이 부담스러울 정도로 당황스러운 글은 쓰지 마라. 셋째, 지나치게 심각한 것도 지양해야 한다. 가령 남북관계나 중동 문제 등 중대 사안에 대해 고등학교 3학년 수험생으로서 발언하기에 과도한 내용은 피하는 것이 좋다. 또 지나치게 객관적인 글은 입학사정관이 학생들에게 기대하는 글이 아니다. 명심해야 할 것은 학생이 쓴 에세이와 다른 제출 서류 간의 차이가 클 경우에 입학사정관들이 혼란을 느낄 수밖에 없다는 점이다. 글쓰기가 약한 학생의 경우에 필요하다면 오타나 문법적 실수 혹은 부족한 이해력 등을 지적해줄 사람을 구해 검토를

요청할 수도 있다. 하지만 글의 스타일이나 취향 그리고 글을 구성하는 요소는 학생 자신의 결과물이어야 한다. 입학사정관은 학생의 생생한 목소리와 이야기를 듣고 싶은 것이지, 훌륭한 문장가의 글을 읽고 감상하고픈 생각은 추호도 없다는 점을 명심하라.

또 하나 주의해야 할 점은 유명 인사의 이름을 나열하거나, 부모님이 대학 동문이라는 사실을 넌지시 알리거나, 자신의 약점을 변명하는 글은 쓰지 말라는 것이다. 묻지도 않은 것에 대해 답하지 말라. 더욱 중요한 것은 에세이 하나를 작성해서 이 대학 저 대학에 낼 욕심을 부리지 말아야 한다. 에세이를 조금씩 고쳐서 이 대학에도 내고 저 대학에도 내는 행위는 바람직하지 않다.

어쨌든 가장 중요한 것은 바로 학생들의 생생한 경험을 담아야 한다는 사실이다. 도전하지 않고 경험하지 않고 감동적인 글을 쓸 수 없다. 따라서 부모는 자녀가 에세이를 쓸 수 있는 '꺼리'를 기획하고 도전할 수 있는 시간을 만들어주어야 한다.

〈입학 에세이〉(예)

- 고등학교 재학 기간 중 학업 이외의 활동영역(사회 봉사활동, 교내·교외 클럽활동, 단체활동, 취미활동, 문화활동)에서 가장 소중했던 경험을 소개하고, 이러한 경험이 자신의 성장에 어떤 도움을 주었는지 기술하십시오.

저는 특유의 유머 감각과 원만한 대인관계 덕에 초등학교 시절부터 고등학교 3학년 때까지 소풍이나 야유회의 장기자랑이 있을 때면 늘 사회를 봐왔습니다. 또한 체육대회가 열릴 때면 응원단장을 맡아 우리 반 아이들의 사기를 드높이고 단합을 도모하였습니다. 그중에서 제게 가장 소중한 경험은 고등학교 1학년 교내 체육대회 때 응원단을 조직하여 응원을 한 것입니다. 저는 평소 친한 친구들과 코믹한 분장과 의상으로 꾸미고 반 출전 선수들을 열정적으로 응원했습니다. 사실 처음 나섰을 때는 창피한 마음이 조금은 있었지만, 반 친구들의 전폭적인 지지와 담임선생님의 격려 덕택에 창피함을 극복할 수 있었습니다. 그러한 과정을 통해 저는 우리 반 친구들은 물론 다른 반 아이들과도 친해지게 되었으며, 자연스럽게 학교 안에서 유명해졌습니다. 고등학교 1학년 때는 반장이나 임원은 아니었지만 친구들 사이에서는 반장이나 부반장보다 더 인기가 있었고, 따라서 영향력이 더 큰 경우도 있었습니다. 이처럼 친구들 사이에 저의 이미지가 각인됨으로써 고등학교 2학년 때는 학급 반장으로 선출될 수 있었습니다. 솔직히 고등학교 2학년 체육대회 때는 과연 반장이 코믹한 복장과 분장을 하고 응원을 해야 옳은가에 대해 고민도 하였지만, 결론은 그래도 1학년 때처럼 열심히 응원하는 것이 저 자신에 대한 진정성을 보여주는 것이라 생각하여 1학년 때와 마찬가지로 즐겁게 응원을 하였습니다. 제가 그러한 모습을 보이자 우리 반 학우들도 너나 할 것 없이 나름대로 창의적인 복장과 분장으로 함께 호흡을 맞춰주었습니다. 아마 평생 그때의 기억을 잊지 못할 것입니다.

저는 그러한 과정을 통해 진정한 리더십이 무엇인가를 배울 수 있었습니다. 이렇게 해라 저렇게 해라 식의 지시나 명령보다는 리더가 스스로 몸을 낮춰 구성원들과 함께 호흡하는 방식이 더 큰 힘을 발휘한다는 것을 깨달았습니다. 고등학교 3학년에 올라가서는 친구들의 추천에도 불구하고 학급 임원 선거에 출마하지 않았습니다. 공부를 더 열심히 할 욕심으로 임원으로 일하는 것을 포기하였습니다만, 체육대회 응원은 계속해서 하였습니다. 그러다 보니 고등학교 졸업 앨범에 저의 모습이 가장 많이 보이게 되었습니다. 저는 고등학교 3년 내내 응원단장을 하면서 무엇을 하든 일관된 일을 한다는 것이 얼마나 중요한지 그리고 남들 위에서 이끄는 것보다 다른 사람과 함께 하고자 노력하는 것이 얼마나 큰 힘을 발휘하는지를 느낄 수 있었습니다. 앞으로 대학에 진학해서도 학업 못지않게 클럽활동에도 열심히 참여해보고 싶습니다.

◈ 구술면접에 나올 만한 문제들

• 자신의 인생관과 가치관 그리고 비전, 가치, 역량 등에 대한 기본적인 답변을 준비해야 한다. 입시를 위해 만들어서 외우는 것이 아니라 진실성이 느껴지도록 준비한다.

> **예**
>
> 자신의 삶에서 도전하고 성취해서 이루고 싶은 구체적인 목표나 꿈이 있는가? 그 꿈을 이루고 싶은 이유는 무엇인지, 목표를 달성하기 위해 어떤 준비를 해왔고 앞으로 어떻게 노력할 것인지, 그리고 해당 학교가 이 목표를 달성하기 위해 어떤 역할을 할 수 있을지 말해보시오.

• 독서를 통한 다양한 배경 지식과 그에 대한 자신의 의견을 묻는 문항이 있을 수 있으므로, 독서카드를 만들어 좋은 글이나 인상에 남은 글을 적고 자신의 생각을 적는 습관이 필요하다.

> **예**
>
> 도스토예프스키의 《카라마조프 가의 형제들》에서 드러난 사랑의 특성과 문제점을 분석하고, 이를 논거로 삼아 자신이 생각하는 실천적 사랑의 모습과 그 실현 방안에 대해 구체적으로 논하라.

- 시사 이슈에 대해 자신의 주장을 펼치고 상대방을 논리적으로 설득하고 이해시키는 문제가 나올 수 있다. 평소에 신문에서 시사 현안을 스크랩하고 자신의 의견을 적으면서 연습한다.

  예

  최근 4대강 사업으로 온 나라가 떠들썩하다. 4대강 사업 찬성론자들의 견해와 반대론자들의 견해를 설명하고 자신의 입장을 말해보라.

  세종시를 원안대로 추진할 것인지에 대해 여당 안에서도 입장이 나뉜다. 원안대로 추진하기보다 수정하여 내실을 기해야 한다는 정운찬 총리의 견해와 여당이 찬성한 안이니만큼 약속을 지켜야 한다는 박근혜 전 대표의 입장을 '가치'의 관점에서 설명해보라. 또한 자신의 견해를 밝혀보라.

  (이러한 문제들에는 답이 정해져 있지 않은 경우가 많다. 중요한 것은 사안을 얼마나 정확히 이해하는가이며, 나아가 얼마나 진솔하고 근거 있게 주장하는가이다. 평소 쟁점이 되는 사안들을 정리하고, 하나의 입장을 정하여 자신의 입장으로 관철시킬 수 있는 근거들을 수집해둬야 한다.)

- 자신의 주장을 토론으로도 표현할 수 있어야 한다. 토론은 자신의 주장을 관철하기 위해 토의하는 과정이다. 평소 꾸준히 토론 연습을 해둔다. 자신의 주장을 명료하게 하고, 한편으로 상대방 주장의 맹점을 적절히 공략하는 것이 필요하다.

02

학년에 따른 공부 플래닝

"나는 공부하고 준비할 것이다. 그러면 언제가 기회가 올 것이다."

– 에이브러햄 링컨

초등학생은 놀기와 공부하기를 함께 플래닝

비범하지 않은 아이라면 초등학교 때에는 너무 공부에 치중하지 않는 것이 좋다. 초등학교 2, 3학년밖에 안 되는 아이를 두고 사회 점수가 왜 이렇게 안 나오는지 모르겠다며 고민하는 학부모들을 많이 본다. 그런 부모들은 아이가 고학년이 될수록 더 심해져서, 수학이나 국어 점수가 잘 나와야 하는 것은 당연하고 과학이나 사회 점수에도 흥분하면서 점수를 크게 중요시한다. 이것이 오늘날 초등학생 아이를 둔 부모들의 모습이다.

초등학생을 둔 부모라면 명심해야 할 것이 있다. 초등학생일 때는 중·고등학교에 가서 공부 잘하는 아이로 만들기 위해 기본기를 다지는 데 주력해야 한다는 것이다. 한 과목 점수만 가지고 울고 웃고 할 필요가 없다.

이 시기에는 'Part 1'에서 강조한 것들을 포함해서 친구들과 신나게 노는 것, 운동하는 것(친구들과 노는 것을 계획하고 조직하며 실행하고 반성하는 것을 모두 포함한다. 아이들은 운동을 하면서 머리가 좋아진다.) 그리고 예체능을 익히는 것, 연산을 익히는 것 등의 기본기에 충실해야 한다. 이 가운데서 무엇보다도 중시되어야 할 것은 독서하는 습관임은 몇 번을 반복해도 지나치지 않다.

영어는 어떨까? 수학은 대학을 결정하고 영어는 인생을 결정한다는 말처럼 영어는 이제 우리 삶에 깊숙이 관련되어 있다. 그러므로 어려서부터 대학까지 피해갈 수 없는 과목이라고 할 수밖에 없다. 다만 조기교육 바람에 휩쓸려 아이를 너무 빨리 영어의 바다에 풍덩 빠뜨린다면 큰 낭패를 볼 수도 있다는 점을 명심해야 한다. 우리나라에는 분명 우리 언어가 있고, 모든 시험이 국어로 출제된다. 국어가 영어보다 훨씬 더 중요하며 모든 과목과 관련되어 있다는 것을 인식한다면, 영어보다 국어 교육에 더 열중해야 함을 이해할 수 있을 것이다. 그러므로 앞서 '두뇌 역량'을 소개한 부분에서도 언급했듯이, 영어 교육은 언어가 발달하기 시작하는 일곱 살이 지나서 시키는 것이 좋다. 그것도 듣기와 말하기 위주의 영어 교육이어야 하며, 쓰고 읽고 외우는 교육이라면 방향을 수정해야 한다.

영어와 수학은 모두 중요 과목이라고 인식하기 때문에 비교적 일찍부터 공부를 시키기 시작한다. 그렇다면 초등학교 때에는 영어와 수학의 비중을 어떻게 두어야 할까? 초등학교 때는 영어 6, 수학 4 정도의 비중으로 공부하는 것이 바람직하다. 중학교에서는 두 과목 모두 1:1 비율로 공부하고, 고등학교에 가서는 수학을 더 많이 공부하는 것이 바람직하다. 그러나 이러한 것은 보통 아이들의 공부 방법이며, 내 아이가 수학적 재능이 뛰어나서 올림피아드 대회에 나갈 정도 수준이라면 영어보다 수학 능력을 더 많이 키워서 어렸을 때부터 미래를 준비하는 것이 당연하다. 이렇듯 10이면 10, 100이면 100 모두 다 다른 아이들에게 어떤 하나의 공부법을 획일적으로 적용하는 것은 위험함을 명심, 또 명심해야 한다.

초등학생도 고학년이 되면 스스로 플래닝하는 습관을 기르기 시작하는 것이 좋다. 4, 5학년이 적당한데, 이때부터 자신을 잘 이해하고 성찰하는 연습을 시작해야 한다. 이러한 플래닝 습관이 점차 내재화되면, 중학교에서는 그러한 기본기를 바탕으로 양적으로나 질적으로 가장 많이 성장하고 실력화하는 과정을 거칠 것이다.

초등학교 때 플래닝하는 과정은 처음에는 쉽게 접근하는 것이 좋다. 그냥 하루 일과를 편하게 써보는 것부터 시작해서, 일주일 계획을 짜보는 것이 순서이다. 주간 계획을 짤 때에는 반드시 친구들과 노는 것도 계획의 한 부분으로 넣어야 한다. 노는 것도 계획해서 그 시간에 놀아야 한다. 모든 것들을 계획대로 하는 것이 중요하다. 놀고, 텔레비전 보고, 컴퓨터 하는 일들은 빼고 공부하는 것만 계획하고 시간을 관리하게 한다면 아이들이 너무 불쌍하지 않겠는가?

초등학생의 계획표에도 역시 하루 중에 공부할 수 있는 시간과 스스로 공부하는 시간, 그리고 자투리 시간과 여유 시간, 하루에 공부할 과목과 분량, 우선순위, 완료, 연기, 취소, 진행 같은 상황 표시 등을 적절히 배치해야 한다. 피드백도 주말마다 열 가지 과정을 똑같이 진행한다.

중학교 때부터 구체적으로 일정 관리

중학교 때의 플래닝이 가장 중요하다. 가장 구체적이고 실천적이며 현실성이 있어야 한다. 중학교 때 공부가 성공을 좌우한다. 그리고 중학교 때까지가 부모가 공부를 코칭할 수 있는 마지막 시기일 가능성이 높다. 따라서 부모의 역할이 가장 중요한 시기이다. 초등학교까지가 기본기를 다지는 시기였다면, 중학교 때는 그 기본기를 가지고 가장 많이, 깊이 공부해야 하는 시기다. 고등학교 때는 누구나 공부를 많이 하므로, 그때 가서 경쟁에서 이기려면 정말 피나는 노력을 해야 한다. 그러므로 중학교 때 공부를 많이 해놓는 것이 눈에 띄는 차이를 만들며, 또한 인생의 성공을 좌우한다고 볼 수 있다. 그리고 고등학교 때 공부는 난이도와 과목 수에 있어서 부담이 크기 때문에 중학교 때 미리 선행학습을 해놓지 않으면 참으로 따라가기 힘들다. 물론 머리가 뛰어나거나 끈기나 동기 부여 등 어느 하나라도 공부할 이유를 찾아서 죽기를 각오하고 매진하면 좋은 성적을 거둘 수 있고, 또 그러한 실례도 많다. 그러나 우리 아이가 그리 할 수 있을지 없을지를 누가 알겠는가?

그렇다면 보통 아이들의 경우, 언제 공부를 제대로 그리고 많이 하는 것이 인생을 성공하게 하고 원하는 것을 이룰 수 있게 하는 기반이 될까? 중학생 중에서도 바로 2학년 때이다. 중학교 1학년 때는 신체적으로 정신적으로 그리고 환경에서도 크게 변화하는 시기이므로 갑자기 공부를 많이 하기가 그리 쉽지 않고, 중학교 3학년은 조금 늦다. 어쨌든 아이들이 아직 순수하고 부모의 말에 조금이라도 귀를 기울일 여유가 있을 때가 바로 중학교 2학년이다. 물론 사춘기가 일찍 와서 부모와 갈등이 최고조에 있거나 이미 탈선의 길을 걷고 있는 아이라면 조금 어렵겠다. 그런 경우에는 차라리 조금 늦게 공부에 박차를 가하는 것이 좋을 것이다.

그렇다면 중학교 2학년 때 어떤 공부를 얼마나 하는 것이 좋을까? 물론 아이들의 수준과 목표에 따라 다르다. 그러나 고등학교에서 좋은 성적을 기대한다면 기본적으로 갖추어야 할 것이 몇 가지 있다.

첫째는 독서다. 대부분의 학생들이 중학교 때는 학원에 많이 다니다 보니 책읽기를 게을리 하기 십상이지만, 독서는 꾸준히 평생 해야 한다. 특히 중학교 때는 절대로 책을 놓으면 안 된다. 해박한 지식과 논리적 사고력, 문제 해결력, 상황 판단력, 이해력, 독해력을 강화하기 위해 독서는 기본이다. 이때 논술학원에 많이 다니기도 하는데, 논술을 공부하기 위해 섣불리 글쓰기를 시작하는 경우가 있다. 하지만 그것은 잘못된 논술 공부이다. 먼저 많이 읽고 생각하는 힘을 기른 다음에 쓰기를 해도 늦지 않다. 쓰기를 공부하기 위해서는 일기를 쓰게 하자. 마음에 드는 구절이나 시상, 책에 대한 짧은 감상을 적는 습관을 길러야 한다. 책을 통한 지식은 자주 써먹어야 자기 것이 되는데, 이러한 능력을 키워주는 작업은 아버지들이 해주면 좋다. 식사시간이나 가족이 함께 모이는 시간을 따로 정해서 책과 시사적인 내용으로 대화를 나눈다면, 독서 능력과 사고 능력을 키우면서 한편으로는 부모와의 관계가 좋아질 것이며 이 무렵 찾아오는 사춘기도 잘 극복할 수 있을 것이다.

둘째는 영어다. 중학교 때 영어는 기본 듣기 연습과 문법 정리를 통해 독해력과 어휘력을 성장시켜야 한다. 중학교와 고등학교 영어 수준의 차이는 수학에 비해 그리 크지 않다. 다만 상대적으로 중학교 때에 비해 고등학교에서는 영어를 공부할 시간이 풍족하지 않다. 따라서 고등학교에 가서 영어를 쉽게 공부해나가려면 문법을 확실히 해놓는 것이 좋다고 전문가들은 조언한다. 그래야 고등학교 때 단어 암기와 독해만 하면서 편하게 공부할 수 있기 때문이다. 고등학교에 가면 문법 공부와 독해 연습, 단어 암기까지 같이할 여유가

별로 없다. 수능을 대비하는 영어 문법 공부는 기본적인 문법 참고서만 완벽하게 마스터하면 가능한 수준이다. 따라서 문법 공부를 위해 여러 책을 공부할 필요는 없다. 그러나 외고 준비나 특목고를 준비하는 학생이라면 더 심도 있게 영어를 공부해야 한다. 영어 실력이 상위권인 학생이라면 이때 텝스(TEPS)를 준비하는 것도 바람직하다. 최근에는 대원외국어고등학교를 비롯해서 몇몇 외고들이 2011년도 입시에서 듣기 평가를 뺀다고 한다. 이처럼 내신과 인성면접으로만 입시 전형을 치른다면 그만큼 내신이 강화될 것은 틀림없다. 그러나 내신만으로 영어 실력과 진짜 학습 능력을 판가름하기 어려우므로, 그 속을 들여다보면 결국 경시대회 성적이나 인증시험 점수, 곧 스펙과 인성면접으로 당락이 좌우될 것으로 보인다.

셋째는 수학이다. 중학교에서 수학 선행은 필수이다. 요즘 내신이 강화되어 선행보다 내신에 치우쳐 공부하기 쉽다. 그러나 고등학교에 들어가 갑자기 어려워진 문제에 적응하려면 중학교 때 선행학습이 이루어져야 한다. 그렇지 않으면 갑자기 떨어지는 성적에 충격을 받을 수도 있고, 열심히 해도 올라가지 않는 성적에 낙심하여 결국 그 성적에 안주하는 경우도 생긴다. 고등학교 수학은 중학교 수학과 달리 진도가 빠르고 분량이 많아서 미리 선행학습을 하지 않고서는 학교 진도도 따라가기 어렵다. 머리가 어지간히 좋지 않다면 선행학습을 할 수밖에 없는 구조다. 특히 이과를 지망하는 학생은 그 정도가 더 심하다. 이과 수학의 경우 중학교 3년 동안 수학을 배우면서 느끼는 부담의 7.5배 정도 부담이 가중되며, 문과의 경우 3~4배 정도의 부담이 가중된다고 한다. 따라서 중학교 때 미리 공부하고 고등학교에 진학하는 것이 매우 중요하다. 특히 수Ⅰ, 수Ⅱ, 심화에 비해 10-가, 나 부분은 학생들이 내용적인 것보다 문제에 적응하는 자체에 애를 먹는 경우가 많으므로, 너무 무리하지 말고 고등학교 진학 전에 10-가, 나 부분만 정확히 선행학습할 필요가 있다. 무리하게 수1, 2까지 하다가는 모래성만 쌓을 수 있다고 고등학교 수학 선생님들은 조언한다. 수학은 대학을 결정짓는 최대 변수이므로 잘할수록 유리함을 명심해야 한다.

고등학생은 생활 자체를 플래닝하라

고등학생은 모든 생활이 공부와 관련되어야 한다. 사실 공부 이외에 다른 것을 할 여유가 없다. 그렇기 때문에 더욱 계획이 필요하고, 없는 시간을 쪼개서 자신을 계발하고 발전시킬 시간을 만들어야 한다. 고등학생이 되면 무엇보다도 적성과 진로가 정확하고 구체적으로 확실해져야 한다. 중학교까지는 진로를 탐색하는 기간이었다면, 고등학교에 가서는 확실히 정해져야만 한다. 이과인지 문과인지, 어떤 학교에 갈 것인지, 어떤 과에 지망할 것인지를 확실하게 정하고 공부해야 갈팡질팡하지 않는다.

고등학생은 가장 먼저 원하는 직업을 정해야 한다. 그러고 나서 그 직업을 갖기 위해 어떤 과에 입학해야 하는지 조사한다. 그리고 과가 정해지면 그 분야에서 최고가 되기 위해서 어떤 대학에 들어가야 하는지 알아본다. 그 대학이 외국일 수도 있고, 국내 최고의 대학일 수도 있다. 그렇다면 그 대학이 목표가 되어야 한다. 꿈은 크게 가지고, 목표를 높게 정해야 한다. 처음부터 '내 실력이 이것밖에 안 되니 이 정도 대학이라도 가면 되지, 뭐……' 라는 식의 생각은 멀리 떨쳐버려야 한다. 될 수 있는 한 크고 높은 꿈을 가져라. 꿈이란 누구에게나 공평하게 주어진 기회이다.

그 다음은 열심히 공부하는 것밖에 없다. 꾸준히 책을 읽고 신문과 잡지를 통해 통합적 지식과 상식을 넓히는 것은 기본이다. 그리고 수업 후 세 번씩(쉬는 시간에 한 번, 그날 안에 한 번, 주말에 총복습 한 번) 착실히 복습하고, 인터넷 강의로 수능 시험 준비를 하면서 많은 문제집을 풀어보는 수밖에 없다. 기본에 충실한 것이 바로 최선의 방법이다.

정해진 일정이 없는 휴일 같은 날도 잘 활용해서 플래닝해야 한다. 한 시간 단위로 과목을 배치해서, 문제 수를 정하거나 모의고사 영역별 1세트 정도씩 문제를 푼다. 수학 같은 과목은 각자 만들어놓은 오답 노트를 반드시 다시 풀어보는 시간을 갖는다. 근현대사나 국사 같은 암기 과목은 개념노트를 정리하는 것도 중요하다. 언어 영역이 약한 학생이라면, 자투리 시간을 활용하여 문제집이나 모의고사의 지문만 따로 모아서 분석하는 방법도 추천한다. 무조건 한 시간 단위로 과목을 바꿔가며 공부만 하는 계획을 세우기보다는, 2~3시간 공부하고 30분 내지 1시간 동안 쉬거나 식사하는 식으로 지치지 않고 공부할 수 있도록 효율적으로 플래닝하는 것이 중요하다.

◈ 공神의 플래너 엿보기

초등학교 5학년

■ 주간 계획

월요일	아침 독서, 학교 공부 복습, 영어 숙제, 영어학원, 독서, 일기
화요일	아침 독서, 방과후 야구, 영어 스피킹(영어 신문), 수학 숙제, 수학 과외, 영어 듣기, 신문 읽기, 일기
수요일	아침 독서, 학교 공부 복습, 영어 숙제, 영어 학원, 독서, 일기
목요일	아침 독서, 야구, 스터디, 멘토, 수학 숙제, 신문 읽기, 일기
금요일	아침 독서, 학교 공부 복습, 영어 숙제, 영어 학원, 독서, 일기
토요일	아침 독서, 신문 읽기, 컴퓨터, 일주일 학교 공부 복습
일요일	운동, 영화 보기, 컴퓨터, 피드백, 일주일 계획

■ 하루 계획

완료 ✔ 연기 ➡ 취소 ✕ 진행중 ●

월요일	우선순위
아침 독서 20분 – 《한국사 편지》 5권	●
방과후 친구들과 야구 40분 정도	✔
교과서 복습-수학, 사회, 과학	✔
영어 숙제-문법, 원어민 회화, 리스닝	✔
영어 학원-2시간 30분	✔
독서, 독서일기-위인전	✔

중학교 2학년

■ 주간 계획

월요일	아침신문 읽기, 뉴스 들으며 등교, 방과후 축구, 영단어·영어 2시간, 교과서 복습 1시간, 독서, 수학 2시간
화요일	아침신문 읽기, 복습, 예습, 축구, 영어 Teps 2시간, 수학 2시간, 인강 1시간, 취침 전 독서 30분
수요일	아침신문 읽기, 복습, 예습, 축구, 스터디 멘토, 영어 Teps 2시간, 수학 2시간, 인강 1시간
목요일	아침신문 읽기, 복습 1시간, 예습 30분, 영어 Teps 2시간, 축구 30분, 수학 2시간, 인강 30분, 독서 30분
금요일	아침신문 읽기, 복습, 예습, 영어 Teps, 수학 2시간, 인강, 영자신문
토요일	컴퓨터 게임, 운동, 한자, 국어 인증, 한국사 인증, 가족과 토론
일요일	

■ 하루 계획

완료 ✓ 연기 → 취소 ✕ 진행중 ●

월요일	우선순위
아침신문 읽기, 뉴스 들으며 등교	●
자투리 시간에 영단어 50개 암기	→
방과후 30분 축구, 교과서 복습 1시간-주요 과목과 암기 과목	✓
예습-국어, 사회, 과학	✓
수학 공부 2시간-3학년 선행, 심화	✓
영어 2시간-Speaking, writting, 과외	✓
영어 Teps 30분	✓
취침 전 30분 독서-고전문학	✓

고등학교 2학년

■ 주간 계획

월요일	수학 아침(5), 영단어 40개 외우기, 복습, 인강 2시간, 언어영역, 수학 공부, 독서
화요일	수학 공부, 영단어, 방과후 내신, 영어 토플, 인강 2시간(외국어), 고전 읽기
수요일	수학 문제(5), 영단어 40개, 복습(내신), 인강 2시간(과탐), 수학 문제풀기, 고전 읽기
목요일	수학 문제(5), 영단어, 인강 2시간(사탐), 영어 토플, 고전 읽기
금요일	수학 문제(5), 영단어 40개, 복습, 인강 2시간(언어), 수학 문제, 현대소설 읽기
토요일	신문 읽기, 영자신문 읽기, 일주일 내신 총복습, 오답 다시 풀기, 수능 기출문제 풀기
일요일	영화보기, 컴퓨터, 미룬 계획 실천하기, 피드백, 계획 짜기, 현대소설 읽기

■ 하루 계획

완료 ✓ 연기 ➡ 취소 ✕ 진행중 ●

월요일	우선순위
아침 수학 5문제 풀기	✓
영단어 40개 외우기(자투리 시간)-토플 VOCA	✓
학과 공부 복습(내신)-국어, 근현대사(1시간)	✓
인강 2시간-언어 영역	✓
수학 문제풀기(문제집) 2시간	➡
고전 읽기-《한중록》: 노트	✓

■ 하루 계획

화요일	우선순위
아침 수학 5문제 풀기	✓
영단어 40개 외우기	✓
방과후 내신 복습 - 물리, 생물, 국어(1시간)	✓
영어 토플 공부 2시간	✓
인강 2시간 - 외국어 영역, 문법	✓
고전 읽기 《한중록》: 노트	✓

03

시험 플래닝

"꿈을 날짜와 함께 적어놓으면 그것은 목표가 되고, 목표를 잘게 자르면 그것은 계획이 되며,
그 계획을 실행에 옮기면 꿈이 실현되는 것이다."

– 그레그 S. 레이드

연습경기에 목숨 걸지 마라

지금까지 애써 공부한 결과가 성적으로 나오는 시험은 부모들 입
장에서 얼마나 중요한 대사인지 모른다. 물론 학생들 입장에서도
아주 중요한 과정인 것은 마찬가지지만, 부모들이 더 시험에 목숨
(?)을 거는 것이 요즘 추세다. 사실 시험 결과에 웃고 울고 속 태우
는 부모 이야기는 남 얘기가 아니다. 시험이란 무엇일까? 시험은 그
야말로 연습게임이다. 진짜 중요한 시험은 대학 입학시험이 아닌
가? 그렇다면 그 전의 수많은 시험 결과에 대해 일희일비하기만 할

것이 아니라, 이번 시험을 계기로 다음 시험에 대비하는 것이 중요하다.

이번 시험이 밑바탕이 되고, 기초가 되고, 기둥이 되어야 한다. 그러나 아이들 대부분이 시험을 치르고 나면 시험지를 던져두고 다시는 보지 않으려 한다. 이제 시험은 끝났다는 것이다. 잘 봤든 못 봤든 이미 결과가 나왔으니 과거에 묻어둔다. 그러면서 다음 시험은 잘 보겠다고 각오만 대단하다. 그러나 기대하던 부모는 다음 시험에서 다시 아이의 똑같은 성적에 실망하고 한숨 쉬는 과정을 되풀이한다.

실패는 성공의 어머니다. 결과에만 집착한다면, 실패한 시험은 아이의 자신감을 떨어뜨리고 가정에 불화와 우울함만 가져다줄 뿐이다. 그러나 실패 원인을 분석하고 더 나은 전략으로 다음 시험에 임한다면 분명히 발전이 있을 것이다. 곧 실패를 제대로 관리해야 한다는 것이다. 아이들은 분명 시험을 통해 실력이 성장한다. 만약 시험이 없다면 배운 것에 대해 누가 얼마나 공부하겠는가? 시험을 봐야 공부를 하고, 지속된 시험을 통해 쌓은 지식을 입시에서 발휘하는 것이다. 그렇다면 이번 시험에서 틀린 것, 놓친 것, 실수한 것에 대해 철저하게 분석하는 것이 다음 시험에 대비하는 첫 번째 순서가 되어야 한다.

1단계-시험 플래닝의 기본

시험 플래닝을 세울 때 목표는 지난 성적이나 최근 공부 양을 기준으로 세우며, 반드시 점수화한 목표를 과목별로 적어넣는다. 시험 플래닝은 3주간이 될 수도 있으며, 4주간이 될 수도 있다. 시험 범위가 적거나 과목이 적은 중간고사인 경우 3주가 될 수 있고, 상대적으로 범위와 과목이 많은 기말시험은 4주가 될 수도 있다. 그리고 학원을 많이 다녀서 스스로 공부하는 시간이 적은 학생은 오히려 시험공부를 일찍 시작하는 것이 맞다. 학원을 많이 다니지 않는 학생은 3주 공부해도 된다는 것이다. 학원을 많이 다닌다면 학원에서 시험 관리도 해주겠지만 그 또한 배우는 것이고, 자신이 스스로 공부하는 것은 따로 시간을 내야만 자기 것이 된다. 학원만 믿다가 오히려 스스로 공부하는 능력이 저하될 수도 있으므로 주의해야 한다.

3주간 주요 과목을 각각 일곱 번씩 반복하여 공부하기로 계획을 세운다면, 100점을 목표로 공부한다고 볼 수 있다. 먼저 일곱 번을 어떻게 공부할 것인지 전략을 짠다. 교과서가 가장 중요하므로 교과서는 세 번 완독한다. 되도록 모두 외우는 것을 목표로 한다. 교과서를 공부하는 순서는 다음과 같다.

우선 목차와 학습목표를 반드시 외운다. 그 다음 전체적으로 편하게 읽으면서 내용을 파악한다. 이때 학습목표를 생각하면서 읽으면 어떤 부분이 중요한지 어렴풋이 감지할 수 있다.

세 번째는 외우려고 노력하면서 외운다. 책에 동그라미를 치면서 외우든, 형광펜을 이용해서 외우든 나름대로 방법을 모색해서 완벽하게 외우려고 노력한다.

네 번째는 완벽에 도전하면서 외운다. 아마 암기력이 좋은 학생은 완전히 외울 것이고, 대부분의 학생은 완벽하게 외우기 힘들 것이다. 그러면 한 번 더 반복한다. 외고에서도 장학금을 받는 전교 등수 상위 0.1퍼센트에 속하는 한 학생은 교과서를 한 권 더 사서 중요 부분을 지운 후 그 위에 외운 내용을 적는 식으로 완벽하게 외웠다고 한다. 그만큼 교과서가 가장 중요하다.

다음으로는 기출문제를 풀어본다. 다른 문제집보다 기출문제를 먼저 풀 수도 있는데, 그것은 출제 경향을 알아보고 중요한 포인트를 찾기 위해서다. 생각을 하면서 공부하는 학생이라면 문제를 풀 때도 그냥 풀지 않는다. 학습목표와 관련하여 중요한 포인트를 찾으려고 애쓰고, 시험 출제자의 의도를 파악하면서 푼다. 이러한 능력이 하루아침에 생기는 것은 아니지만, 부단히 노력하면 곧 터득할 수 있는 능력이다.

마지막으로 참고서를 통해 배경 지식이나 확장 지식을 터득한다. 선생님들은 때때로 분별력을 키우도록 교과서 이외의 문제를 내는 경우가 있다. 그렇지 않더라도 최상위권 학생들은 어떤 문제가 나올지 모르니 150퍼센트를 공부한다고 한다. 그래야 100점이라는 점수를 받을 수 있다는 것이다. 100퍼센트만 공부해서는 90점에서 왔다 갔다 하는 불안한 점수를 받을 수밖에 없기 때문이다.

그 밖에 하나 더 권한다면, 참고서의 문제나 문제집을 하나 더 푸는 방법이 있겠다. 이렇게 시험공부를 한다면 완벽하게 시험을 칠 준비가 된다.

그러나 문제는 시간이다. 학원 공부에 쫓겨 스스로 공부할 시간이 없는 학생이라면 이렇게 일곱 번씩이나 반복해서 공부하기가 어렵다. 하지만 자신이 공부할 수 있는 시간을 최대한 확보하는 것이 중요하다.

2단계-시간 배치 원칙

이렇게 과목별로 공부할 내용과 분량을 정한 후에는 시간을 적절하게 배치해야 한다. 모든 플래닝은 목표를 설정한 다음에 그에 맞는 전략을 짜고(이 과정에서 가장 기본은 언제나 자신에 대한 정확한 분석이다.) 시간을 배치하여 실행한 후 피드백한다. 이 과정은 시험 플래닝에도 마찬가지로 적용된다.

하루에 자신이 공부할 수 있는 시간을 정하고, 그 시간을 공부해야 할 과목과 분량에 구체적으로 배치한다. 역시 시간은 아침에 등교 준비하는 시간, 등교하는 시간, 쉬는 시간, 학원과 학원 사이 빈 시간 등 자투리 시간을 적절히 이용해서 능률적으로 활용하는 것이 좋다. 공부 시간도 전략에 맞춰 공부해야 한다. 한 시간이든 두 시간이든 한 과목을 공부하기로 계획을 세웠으면, 먼저 전체적인 목차와 공부할 내용을 차례대로 훑어보고 파악한다. 이때 학습목표를 확실히 해서 무엇을 얼마나 더 집중해서 공부할 것인지 감을 잡는 것도 중요하다. 이 과정이 5~10분 정도 걸린다. 그리고 본 공부를 하고, 마지막으로 10~15분 동안 공부한 내용을 다시 반복해서 훑어보며 놓친 부분을 확인하고 정리한다.

3단계-승부처는 시험 결과가 아닌 피드백

시험을 친 다음에 피드백이 중요하다는 것은 앞에서 언급했다. 시험을 본 후에 꼭 해야 할 몇 가지를 명심하자. 우선 틀린 문제를 철저히 분석해야 한다. 학생들은 흔히 틀린 문제에 대해 답이 무엇인지만 주목하는데, 그것은 별 의미가 없다. 문제는 자신이 왜 오답을 적었는지다. 왜 이것을 답이라고 생각했는지 자기 자신을 분석하는 것이 중요하다. 대부분 두 선택지를 놓고 고심하다가 오답을 체크하는 경우가 많다. 자신이 그것을 답이라고 체크했을 때의 사고 과정을 파악하여 다시는 오류를 범하지 않게 해야 한다. 사람은 같은 방식으로 생각하는 경향이 있어서, 시간이 흘러 같은 상황이 재현될 때 과거와 같은 생각과 같은 행동을 한다고 한다. 앞으로 똑같은 문제는 나오지 않지만, 비슷한 유형의 문제는 반드시 나온다. 생각을 전환해야 할 경우에는 반드시 바꾸어야 한다.

다음으로 틀린 문제에 대한 출제자의 의도를 파악해야 한다. 어떤 학생은 자신의 오답을 인정하지 않는 경우가 있다. 만약 공식적으로 문제가 잘못되었거나 정답이 틀린 것이 아니라면, 출제자의 입장에서 문제와 정답을 파악해야 한다. 시험을 내는 출제자는 선생님이다. 기계가 아니고 사람이므로 반드시 문제를 낼 때 생각을 하고 낸다. 만약 학생이 출제자의 의도를 파악할 수 있다면, 선생님이 생각하는 정답을 적을 수 있다. 그렇기 때문에 출제자의 의도에 접근하려고 노력해야 한다. 수업시간을 통해서, 그리고 질문을 통해서, 또 몇 번의 시험을 통해서 선생님의 성향을 파악해야 하며, 그 점을 다음 시험을 준비할 때 꼭 생각하며 공부해야 좋은 점수가 나온다.

그리고 맞은 문제도 다시 봐야 한다. 맞기는 했으나 아리송한 문제를 운 좋게 맞힌 경우도 있을 것이다. 이러한 문제는 꼭 다시 체크해서 틀린 문제와 똑같이 생각하고 분석한다.

모든 시험지는 3년 정도는 보관해야 한다. 중학교 때 시험지는 모두 버리지 말고 보관하는 것이 좋다. 특목고를 준비하거나 고등학교에 들어가 처음 보는 시험을 준비하기 위해서도 아주 유용하게 쓰일 뿐 아니라, 혹시 공부를 하다가 취약 과목이 있을 경우 지난 시험지를 분석해서 자신의 약점을 확실히 알 수 있다. 시험지를 통해 점수의 추이를 분석하는 것도 의미 있으며, 과목별로 취약한 부분과 취약한 단원을 한눈에 볼 수 있는 가장 좋은 자료가 되기 때문이다.

◈ 시험공부 계획 세우기

1. 시험의 의미를 적어본다.(나에게 시험이란 무엇이며, 시험의 진정한 의미는?)

2. 나의 꿈을 적어본다.

3. 과목별 목표를 설정한다.

	국어	영어	수학	사회	과학	기타 과목	기타 과목
이전 점수							
목표 점수							
실제 점수							

4. 3주 전 시험공부 계획을 세운다.

	월	화	수	목	금	토	일
스스로 공부할 수 있는 시간							
공부할 과목							
분량							
피드백							

3주 전 (주요 과목을 교과서 위주로 공부)

5. 2주 전 시험공부 계획을 세운다.

	월	화	수	목	금	토	일
스스로 공부할 수 있는 시간							
공부할 과목							
분량							
피드백							

2주 전 (주요 과목 문제풀이 / 암기과목 교과서 공부)

04

과목별 맞춤형 공부법

국어 이해 · 사고 · 정리 · 암기의 선순환 습관

동국대학교 사범대 부속여중 국어 교사이며 수필가이자 문학평론 가인 김경남 선생님은 국어 공부 잘하는 법을 한마디로 "스스로 물을 먹는 말이 되어라."라고 말씀하신다. 저자의 은사이신 선생님께 국어 잘하는 방법을 부탁드렸더니, 다음과 같은 글을 주셨다.

30년 넘게 국어를 가르친 죄로 왕왕 학부모나 학생들에게서 "어떻게 하면 국어 공부를 잘할 수 있느냐?"라는 다급하고 애처로운 질문을 받는다. 그럴 때마다 당황스럽다. 말을 물가에 데려갈 수는 있어도, 결국 물을 먹는 것은 마부가 아니다. 교사나 학부모는 마부의 역할을 연구해야 하며, 학생은 말이 되어 물을 먹겠다는 의지를 스스로 다지는 결심이 필요하다.

첫째, 국어 교과의 특성을 이해해야 한다. 문자 언어로 된 것이 국어이다. 문자 해독은 국어 공부의 첫 걸음마이다. 즉 독해의 능력을 키우는 것이다. 그 능력은 어디에서 길러지는가? 책읽기에서 얻어진다. 책을 많이 읽는 것도 좋지만 책을 정독해야 한다. 수박 겉핥기식의 책읽기로 어찌 수박의 맛과, 속의 빛깔과, 수박씨의 모양과 고유한 맛을 알 수 있겠는가? 바위를 뚫을 듯한 눈빛과 눈힘으로 글을 독파하고, 글 뜻을 쪼개고, 종합하고, 비판하고자 한다면 저절로 글의 정체를 이해하게 될 것이다.

둘째, 사고력이 필요하다. 그 능력은 어디에서 길러지는가? 많이 보고, 많이 느끼고, 많이 생각해야 한다. 사물을 무관심하게 지나쳐 보지 말고 애정의 눈으로 바라보아야 한다. 그러면 그 사물이 나에게 건네는 말과 나에게 보내는 텔레파시를 읽을 수 있게 된다. 예를 들면 '걸레'가 하나 있다. 보통 사람들은 그저 '더럽다'라고 생각하고 만다. 애정의 눈으로 한참 응시하면 걸레는 다음과 같은 말을 해올 수 있다. '더러워진 까닭, 깨끗이 빨아달라는 부탁, 나처럼 살지 말라는 삶의 교훈, 자신의 운명 등……' 사물에게서 무언가를 느끼지 못한다면, 나의 바라보기가 덜 성숙했다고 생각해야 한다. 사고력이 길러지면 자신의 생각이나 느낌을 남다르게, 색다르게, 효과적으로 표현하는 말하기 능력과 쓰기 능력을 크게 확장시킬 수 있다.

셋째, 밑줄 긋기를 습관화한다. 책을 읽다가 중요한 부분이 나오면 그때서야 볼펜을 잡고 밑줄을 긋는 것이 아니다. 먼저 볼펜을 잡고 읽기 시작한다. 보물을 찾듯이 제재, 핵심어, 핵심 사상, 중요한 문장, 의미심장한 구절, 감추어진 속뜻, 인용문에 밑줄이나 두 줄 밑줄, 동그라미나 세모, 네모 등을 색색의 형광펜으로 표시하는 습관을 들인다. 이것은 공부하는 의지와 자세를 확고하게 해주면서도 한눈에 글 전체가 이해되는 효과가 있다.

넷째, 외울 것을 구분하여 반드시 외워둔다. 사고력과 독해력으로 이해 능력은 키워지겠지만, 국어 지식, 문학 이론, 어휘력, 한자어, 문법 지식, 고전 상식, 수사법 등은 철저하게 암기해야 한다. 컴퓨터의 '저장' 기능처럼 머릿속에 영원히 저장해야 한다.

100점 얻기가 어려운 까닭은 국어라는 과목이 문장을 완전히 이해하고, 국어 지식을 정확히 암기하며, 감상한 것을 자기만의 표현으로 정리하기까지 해야 하기 때문이라는 점을 늘 기억할 필요가 있다.

국어 학년별 공부법

중학교 국어는 단순 암기로도 상위권 점수를 획득할 수 있다. 그러나 이처럼 중학교 내신 성적을 올리기 위한 정도의 국어 학습법은, 창의적 사고력을 요구하는 고등학교의 수능형 학습에서 절대 통하지 않는다. 수능은 다양한 각도의 사고력을 필요로 하며, 맞는 답을 유추해내기 위해 선택지 5개를 검토하고 비교하며 분석할 수 있는 추리 논리력이 요구된다. 이러한 능력은 학원을 통해서는 이루어지기 힘들다. 학원 수업은 언어 학습에 이런 식으로 접근하면 된다는 정도를 보여주는 역할이지, 그 이상을 이끌어내어 자기화하는 것은 온전히 자기의 몫이다. 학교 선생님이 가르쳐준 팁을 바탕으로 얼마나 깊이 있게 제시문과 작품에 몰입할 수 있느냐가 수능형 언어 영역 학습이다. 따라서 중학 내신에서 더 발전된 국어 공부 습관이 필요하다.

독서를 하고 자기 스스로 작품에 대해 논리적으로 해석하고 감상하는 단계를 중학교 때부터 연습해야 한다. 신문이나 잡지를 읽고 이슈가 되는 주제에 대해 깊이 사고하고 자신의 의견을 글로 적어보라. 만약 대상이 있다면 자신의 생각을 표현하고 주장하는 토론과 대화의 기회를 자주 갖는 것이 바람직하다.

국어 예습은 적은 시간으로 큰 효과를 볼 수 있는 공부 전략이다. 예습은 겉핥기 수준으로 대략 15분 동안 제목과 교과 단원의 주요 내용이 어떻게 진행될 것인지 예측해본다. 그런 다음에 수업에 들어가면 집중력도 올라가고 자신의 예측과 비교하면서 생각하는 수업을 하게 된다. 이러한 능력이 바로 국어 실력으로 나타난다.

외고의 한 국어 교사는, 초등학교 때 배운 말하기, 듣기, 쓰기, 읽기 영역을 바탕으로 문학과 문법을 강화하는 것이 중학교 국어 교육이라고 말한다. 따라서 지문에 대한 독해력, 감상 능력과 함께 언어 법칙을 정확히 이해하고 적용할 수 있는 능력이 중요하다. 글의 주제가 왜 그것인가에 대해 자신이 공감하지 않고 무조건 외우는 식이라면 전혀 도움이 되지 않는다. 배움과 익힘이 균형과 조화를 이루어야 어떤 영역이든 상위권 성적을 낼 수 있다. 수동적으로 받아먹기만 하는 학습은 결코 제 실력이 될 수 없다.

고등학교의 언어 영역 시험은 출제자의 의도를 파악하는 것이 관건이다. 장르별로 핵심을 파악하는 능력을 키울 수 있도록 공부한다. 화자의 상황과 그 상황에 대한 생각과 감정 그리고 그것에 대해 어떻게 문학으로 표현했는지를 체크하면서 읽는다. 소설은 인물과 사건의 배경을 잘 파악해야 하는데, 그중에서 특히 인물의 행동과 심리를 제대로 분석해야 한다.

공부할 때는 먼저 지문부터 본다. 지문을 읽으면서 출제자의 입장에서 이러한 문제가 나올 수 있겠구나 하고 예측한 후 문제를 풀어본다. 자신의 예측이 많이 빗나갈지라도 이러한 방법으로 오랫동안 훈련하면, 마침내 출제자의 출제 의도를 예측할 수 있게 된다. 그리고 시험을 볼 때는 문제를 먼저 보고 지문을 읽는 방법으로 문제를 푼다. 그러면 실수를 줄일 수 있고, 필자와 주인공 그리고 출제자의 의도로부터 벗어나는 오류도 줄일 수 있다.

고등학교 때는 중학교 때 익힌 독해력과 감상력을 본격적으로 발휘하는 단계이다. 수능 국어는 크게 문학과 비문학으로 나뉘는데, 이 두 영역을 날마다 꾸준하게 공부해야 한다. 문학은 작품을 깊이 있게 감상하기 위해 영역별로 일정 기간을 잡고 차근차근 공부하는 것이 좋다. 현대시를 먼저 학습하는 것이 순서가 자연스럽다. 시나 소설은 이야기 형식이므로, 이야기하는 주체에 집중하여 감상한다.

시는 주관적인 감상을 객관화시키는 능력을 키워야 한다. 시를 접할 때 참고서에 나오는 설명을 먼저 보지 말고, 스스로 시를 해석하고 분석해야 한다. 분석할 때는 먼저 시의 시대적 상황과 화자가 누구인지를 정확히 파악하여 자신이 그 시대 그 시의 주인공이 되어서 시를 감상한다면 많은 도움이 될 것이다. 그리고 시어의 함축적 의미를 찾아내는 실력은 하루아침에 이루어지지 않고 많은 시를 접하고 감상해야 얻어지는 것이므로 그만큼 시간을 많이 투자해야 한다.

현대소설은 소설의 독특한 틀을 먼저 이해하는 것이 중요하다. 인물의 성격과 심리, 갈등, 시점 등이 그것이다. 특히 중요한 것은 갈등이다. 시험에는 갈등 자체가 주제가 되는 경우가 많다. 인간과 인간 그리고 사회 간의 갈등을 정확히 파악해야 한다.

고전은 용어 해석이 관건이다. 출제 양과 범위가 한정되어 있고 내용도 확실하므로, 용어만 확실히 공부하면 높은 점수가 나올 수 있다.

비문학 장르는 설명문과 논설문을 말하는데, 대개가 사실적 사고 능력을 묻는 문제들이다. 분석, 비교, 귀납적, 추론적, 정의, 서술 등 기본 개념을 먼저 숙지하고, 서술상의 특징과 단락 간의 관계 등을 찾아내는 정확한 독해력이 필요하다. 전체 글 단위, 단락 단위, 문장 단위가 유기적으로 결합되어 있는 구조를 분석하면서 필자가 궁극적으로 전달하려는 메시지가 무엇인지 이해하려고 노력해보자. 이처럼 지문을 해석하는 데 시간을 아끼지 말고 투자하라. 만약 1시간 동안 문제를 푼다면 많은 문제를 풀려고 하기보다, 한 지문이라도 제대로 해석하고 분석해서 논거와 답을 찾아내고 나머지 항목은 왜 틀렸는지 일일이 체크하고 넘어가야 자신의 것이 된다. 이렇게 실력이 쌓이면 어떤 지문이 나와도 풀 수 있는 자신감이 생긴다.

언어 영역을 위해서는 한자 공부도 꾸준히 같이해야 한다.(한자 공부는 뒤에서 따로 설명한다.) 국어 학습 사이트 중에는 작품 해설뿐만 아니라 직접 풀어볼 수 있는 문제를 제공하는 곳도 있다. 필요에 따라 프린트해서 이용한다.

국어 시험에 자신이 없는 학생은, 같은 문제를 시간 제한 없이 풀고 해제를 분석하고 답을 파악한 뒤에 다시 프린트하거나 복사해서 정해진 시간에 풀어보는 연습도 좋다. 그래도 어려운 문제가 있으면 그 부분이 바로 자신의 취약 부분임을 파악하고 집중해서 공부한다.

영어 단어 암기와 독해의 중요성

영어는 흥미다. 영어를 잘하는 아이들은 자세히 보면 대부분 영어에 흥미가 있는 아이들이다. 그렇지 않은 아이들은 그냥 영어도 습관처럼 공부해서 잘하는 경우다. 공부 습관이 되어 있지 않은 아이가 영어에 자신 없어 하면 먼저 흥미를 유발시켜야 한다. 영어에 흥미를 느끼지 못하는 원인을 찾아서 풀어주면 된다. 재미를 느끼지 못하는 아이에게는 시청각 자료를 활용해 흥미를 북돋아주고, 강요에 의해 흥미를 잃은 아이라면 학습에 대한 중압감을 적절히 완화해준다.

외고의 영어 선생님들이 소개하는 공부법을 살펴보자. 우선 영어 문법을 너무 강조하는 공부는 지양해야 한다. 문법만 따로 공부하는 전통 방법으로는 수능 영어와 실용 영어 모두 정복할 수 없다. 영어에는 순서가 있다. 곧 언어의 습득은 어떤 언어를 막론하고 아기였을 때 귀가 뚫리면서 말하기를 배우고, 듣기와 쓰기 능력을 키워가는 게 보통이다. 듣기와 말하기가 우선이라는 것이다. 그 다음에 읽기와 쓰기 순서로 공부해야 한다. 독해와 쓰기 능력은 고등학교 때 체계적으로 공부해도 충분하므로, 우선 듣기 능력이 중요하다. 그렇기 때문에 외고 입학시험에서 듣기를 중요시해온 것이다. 대일외국어고등학교의 경우 듣기와 독해 문제에 문법 문제는 출제하지 않았으며, 내신, 구술면접, 영어 듣기 위주로 신입생을 선발해왔다.

영어 공부를 위해 미국 드라마를 보는 것도 좋은 방법이다. 드라마를 본 뒤에 짧게나마 글을 써본다. 극에 나오는 어려운 표현이나 유추해내지 못한 단어들을 공책에 적고 사전을 통해 의미를 파악한다. 주인공들의 멋진 대화나 흥미로운 표현, 시청 소감 등을 적어도 좋다.

수능 시험의 출제 경향이 갈수록 어려워지고 있다. 대화체, 장문 듣기 같은 일반적인 유형의 문제와 시사, 경제, 문화, 역사, 속담, 격언 등이 두루 출제된다. 빠르기는 원어민 수준이며, 50문항이 출제된다. 과학과 통합된 수리과학 문제, 수요·공급·한계·효용 같은 사회 용어도 학습할 필요가 있다.

학년별 공부법

초등 저학년생들은 듣기와 말하기 위주의 학습을 해야 한다. 영어를 잘 듣고 유창하게 말하는 기본 능력을 키워주는 것이 관건이지만, 이 시기의 아이들에겐 흥미 위주의 영어 학습에 집중시키는 게 적합하다. 하루에 많은 양을 공부하는 것보다 부담이 되지 않는 범위 내에서 반복하여 몸으로 체득하게 하는 방법이 좋다. 원어민 강사와 대화를 나누거나 시중에 나와 있는 각종 듣기 음성 자료들을 활용해서 발음을 자주 듣고, 단어나 문장이 어떻게 발음되는지 스스로 학습할 수 있는 테이프나 시디를 선택한다. 그리고 일주일에 이틀이나 사흘 정도 영어 일기를 써보는 것이 좋다.

초등학교 5~6학년 때는 문법, 읽기, 쓰기 등 영역별로 깊이 있고 체계적인 학습을 시작해야 한다. 기본적인 문법 정리, 전체적인 내용을 이해하는 식의 읽기에 만족해서는 안 된다. 문법을 적용한 세부 문장을 이해하고, 각 어휘의 정확한 의미를 익히고, 나아가 본인 수준에 맞는 단어집을 선택해 어휘력을 확장한다.

전문가들은 역시 듣기와 말하기를 우선으로 교육할 것을 권한다. 말하기가 성장해야 문법적 요소에 입각한 글쓰기를 시작할 수 있다. 글쓰기는 일기 쓰기가 효과적이다. 듣기는 매일 30분 이상을 꾸준히 할애해야 외고나 대학 입시에서 높은 점수를 얻을 수 있다.

중등 영어는 다양한 장문을 독해할 수 있어야 한다. 문장 구조를 파악하는 것에서 시작하여, 문법과 문장의 내용을 포괄적으로 이해하고 유추하는 단계로 발전시켜 나간다. 다양한 주제의 원서를 읽어 배경 지식을 쌓는 것도 영어 공부에 도움을 준다.

문법은 학교 공부와 관련이 있으므로 철저히 공부해야 하는데, 중학교 때 문법책 한두 권 정도를 마스터하는 것이 좋다. 이때 너무 어려운 책을 선택하거나 문제집을 풀듯이 여러 책을 볼 필요는 없다.

듣기는 교과서 외에 자신에게 맞는 교재를 선택해서 날마다 꾸준히 듣는 것이 중요하다. 지문을 이해하기 위해서 처음에는 전체 내용을 파악하면서 듣고, 다음에는 받아쓰기를 통해 세부 내용을 잘 이해했는지 반복해서 듣는 연습을 한다. 외고를 준비하는 학생이라면 텝스나 토플 수준의 듣기를 공부하는 것이 좋다. 2011년부터는 외고의 입학 전형이 대폭 수정되겠지만, 전체적으로는 입학사정관제 전형을 늘리면서 인증시험 점수 등 스펙을 통해 선별하려고 할 것이다. 그러므로 내신은 물론 자신만의 포트폴리오를 만들어가는 것이 필요하다.

영어 신문이나 잡지를 읽어서 시사상식도 넓히면서 자신의 관심 분야에 대한 영어 말하기와 쓰기를 연습할 수 있다. 신문에 나온 내용을 그대로 큰소리로 몇 번씩 읽은 다음, 보지 않고 자신의 언어로 말하는 연습을 한다. 그리고 다시 문장의 구조를 떠올리면서 논리적으로 써본다. 이런 연습을 오랫동안 하면 읽기, 쓰기, 문법, 독해력까지도 많은 도움을 줄 수 있다.

고급 영어에 도전하려면 문법을 확실히 공부하라. 한 교재를 세 번은 독파해야 한다. 학원처럼 수준이 올라갈 때마다 새 책을 사는 것은 별로 좋은 방법이 아니다. 영어 학원에 1년 이상 보내면 문법이 어느 정도 고지에 올라야 하는데, 실제로는 그렇지가 않다. 학원에서 계속 책만 바꾸고, 그 책을 완벽히 소화하고 공부하지 않기 때문이다. 외고에서는 한 교재로 세 번씩 강의한다고 한다.

최상위 학생들은 독해력을 향상시키는 공부를 해야 한다. 생활, 문화, 과학, 사회, 예술 등 다양한 분야의 지문들을 갖춘 교재를 선택해서 독해에 필요한 배경 지식을 폭넓게 습득한다. 또한 만약 고등학교 2학년인데 영어가 자신 없다면 어휘력을 높이는 것이 우선이다. 하루에 외울 수 있는 최대의 단어를 외운다.

수학 개념을 붙잡고 오답을 걸러라

수학 학습은 논리력을 향상시키기 위한 훈련 과정이다. 학습을 통해 사고가 깊어지고 시야가 넓어진다. 평생을 살아가면서 근원적 힘으로 작용하는 사고의 힘이 바로 수학 학습에서 비롯된다. 수학을 잘하는 학생들은 인내력과 집중력이 강한 특징이 있다. 자신이 놓친 과정을 거슬러 올라가 복구해내는 데 목숨을 건다.

수학을 잘하기 위해서는 먼저 개념을 확실히 이해해야 하며 많은 문제를 풀어야 한다. 그러나 맞는 문제에 공을 들이면 무슨 소용이 있겠는가. 틀린 문제, 해결하지 못한 문제를 자신의 것으로 만들어가야 실력이 향상된다. 오답에 대해서 차분하게 파헤치고 자신의 맹점을 찾아내는 것이 중요하다. 그저 실수였다고 넘어가는 것은 다음에 똑같은 실수를 하게 되는 결과를 가져온다.

수학 학년별 공부법

중학교 때는 수학 기본기를 다져야 한다. 반복을 통해 아는 것을 빨리 풀 수 있도록 연습해야 한다. 아는 것을 빨리 풀려면 공식이 중요하다. 공식이 등장하면 왜 그런 공식이 나왔는지 증명하는 과정을 확실히 이해하고 설명할 수 있어야 한다. 증명의 중요성을 인식하라.

최상위권 학생이라면 개념을 확대하기 위한 선행학습과 사고력 향상을 위한 심화학습을 병행해야 한다. 심화학습의 수단으로 한국 수학올림피아드(KMO)를 활용하는데, '수 I'까지 정리하는 학습을 요구한다. 심화학습은 자신의 한계를 뛰어넘어야 한다.

상위권 학생은 선행과 중등 심화학습이 필수적이다. 최상위권은

한 번만 보고도 자신의 것으로 만들 수 있지만, 상위권 학생은 숙련도가 정말 중요하므로 반복해서 학습해야 한다. 테니스를 배우는 것도 중요하지만 연습을 해야 실력이 오르듯이, 배우는 것만으로는 별 의미가 없다.

《가난하다고 꿈조차 가난할 수는 없다》를 쓴 김형근은 올림피아드 경시대회를 준비하면서 다음과 같은 단계로 공부했다고 한다. 1단계에는 중학교 수학을 심화한 내용을 공부했으며, 2단계에는 《수학의 정석》 등의 교재로 고등학교 수학의 기본 개념을 공부했다. 그리고 3단계에는 수학 경시대회의 각 영역별 기본 개념과 문제를 풀었다.

고등학교 수리 영역 1등급은 초등학교와 중학교 때 70퍼센트가 이미 결정된다고 말한다. 중학교 때 선행학습을 충실히 해두면 고등 수학의 어려움을 조금이나마 완화할 수 있다. 선행학습을 꾸준히 하는 한편, 중학교 수학 공부에 절대 소홀해서는 안 된다.

그러나 선행보다 중요한 것은 개념을 확실히 하는 것이다. 쉬운 문제를 확실히 푸는 것도 고득점을 위해 필수적이기 때문이다. 모든 수학 공식이 유기적 관계가 있기 때문에 개념 원리를 습득하고 반복함으로써 자기화하는 것이 우선이다.

만약 수학의 어려움을 겪는 학생이라면 한 권의 책을 반복해서 푸는 것이 효과적이다. 그것만으로도 80퍼센트의 효과를 볼 수 있다. 만약 어느 정도 그 문제집에 자신감이 붙으면 다른 문제집을 풀면서 나머지 20퍼센트를 향상시키도록 노력하면 된다.

한자 사회 · 과학 · 수학 공부에도 필요

세계에는 9,000여 종의 언어가 있다. 그중에서 문자로 표현할 수 있는 언어가 400여 종에 그칠 만큼 자기만의 문자를 갖기가 어렵다. 한글은 세계에서 유례를 찾을 수 없을 만큼 독창적이고 과학적인 문자다. 한글은 한국어를 표기하는 수단인데, 한국어를 크게 세 가지로 분류하면 '고유어', '한자어', '외래어'로 나눌 수 있다. 한국어에서 고유어와 외국어를 제외하고 한자어가 차지하는 비중은 75퍼센트나 된다. 그러므로 한자어를 모르고서는 한국어를 제대로 표현할 수 없다.

흔히 한자를 인문 과목에만 필요한 것으로 잘못 인식하고 있다. 그러나 한자어는 우리가 쓰는 낱말의 거의 대부분을 차지하기 때문에, 어느 한쪽으로만 치우쳐서 생각하면 큰 오산이다. 국어는 물론이고, 사회, 과학, 수학에 이르기까지 어렵고 전문적인 용어는 모두 한자어로 이루어져 있다. 그러므로 한자를 배우지 않고는 그 뜻을 추론하기가 쉽지 않다. 한자를 알고 있으면 그 용어를 배우기 전이라도 뜻을 대략적으로 짐작하는 것이 그리 어렵지 않다. 특히 한글은 소리글자이기 때문에 동음이의어가 수두룩하다. 그것을 익히기 위해서도, 일상생활에서 원만한 표현을 하기 위해서도 한자 학습은 꼭 필요하다. 초등학교 저학년부터 중학교 3학년 무렵까지 꾸준히 공부한다면 급수로 3급 정도에 이르는데, 이 정도면 우리가 일반적으로 쓰는 한자는 거의 아는 수준이다.

◈ 성적 분석표를 작성하여 취약 과목 파악하기

■ 성적 분석표

		국어	영어	수학	사회	과학	기타 과목
1학기	중간고사						
	기말고사						
2학기	중간고사						
	기말고사						

◈ 성적이 안 나오는 과목의 원인 분석하기

1. 수업 시간에 선생님의 말씀이 도대체 무슨 말인지 이해하지 못하겠다.

해결 방법

① 예습을 통해 미리 공부하고 수업을 들으면, 수업 시간에 이해하기도 쉽고 흥미도도 상승해서 수업에 집중할 수 있다.

② 인터넷 강의를 반복해서 청취하거나, 참고서를 활용해서 이해되지 않는 부분을 확실히 이해하고 넘어간다.

2. 수업 시간에는 모두 이해가 된다. 그러나 복습이 부족해서 모두 잊어버려 시험 성적이 나오지 않는다.

해결 방법

① 그날 배운 것은 그날 꼭 복습하고 일주일 단위로 다시 복습함으로써 장기 기억으로 저장시켜 암기력을 상승시킨다.

② 암기 과목의 경우 암기를 해도 잘 외워지지 않는다면, 집중력과 암기력을 상승시

키기 위한 노력을 따로 해야 한다.

3. 복습을 충분히 하고 교과서도 충실히 읽었지만, 시험을 보면 점수가 나오지 않는다.

해결 방법

문제 해결 능력이 부족해서 성적이 저조하다면, 문제집을 최대한 많이 풀어봄으로써 해결할 수 있다.

4. 문제집을 많이 푸는 편이지만, 그다지 높은 점수가 나오지 않는다.

해결 방법

1에서 3까지의 원인이 제대로 해결되지 않은 상태로 문제만 푼 경우다. 그러므로 위의 해결 방법들과 문제를 최대한 많이 푸는 방법을 병행한다면 최상위로 가는 길이 눈에 보이기 시작할 것이다.

양날개로 나는 아이가 높이 난다

지금 한국의 부모들은 매우 혼란스럽다. 입시와 관련하여 외국어 고등학교를 두고 의견이 분분하기 때문이다. 일각에서 2013학년도부터 외고를 존속시키되 학생 선발권을 제한하고 학생 수도 대폭 줄이거나, 아예 국제고, 자율형 사립고, 일반고 등으로 전환하는 방안이 제시되는가 하면, 아예 폐지해야 한다는 의견까지 나오고 있어 학부모 입장에서는 어느 장단에 춤을 춰야 할지 한 치 앞도 내다보기 힘든 상황이다. 이런 상황에서 우리가 할 수 있는 가장 현명한 대처방법은 바로 자신이 할 수 있는 일과 자신이 할 수 없는 일을 구분하는 것이다. 말하자면 자신의 통제권 밖에 있는 일들에 대해 왈가왈부하기보다는 자신이 통제할 수 있고 바꿀 수 있는 일에 집중하는 것이 현명하다.

우선 다음의 문제들에 집중해보자. 첫째, 한국의 부모들은 자녀들이 공부를 잘하고 못하는 원인을 오직 학교와 사교육에서만 찾으려 한다. 문제는 부모가 사교육을 맹신하는 순간부터 부모가 할 수 있는 일은 교육비를 지급하는 것 외에 아무것도 없다는 점이다. 입학사정관제와 같은 달라진 교육제도 아래에서 자녀를 진학시키고 성적을 향상시키기 위해서 부모는 자녀와 충분히 대화함으로써 자녀가 비전을 잘 만들어갈 수 있도록 돕고, 그에 따라 학업의 수준을 조정해주는 역할을 해야 한다. 이제 더는 선행학습에 만족하는 정도에 그쳐서는 안 되며, 전략적으로 선택해가면서 올바른 진로를 탐색해나가야 한다. 여러 사례에서 자녀의 학업 성적을 올리기 위해 부모가 할 일은 자녀에게 애정 어린 시선을 보내주고 칭찬하고 정겨운 대화를 나누는 것임을 확인할 수 있다. 말하자면 부모의 미래에 대한 예지력과 역량 그리고 지속적인 교육 환경 개선이 자녀의 미래를 결정지음을 명심해야 한다.

둘째, 부모들이 너무나 공부에만 집중하기 때문에 학생들의 공부 시간이 지나치게 많다는 것이다. 잘 알다시피 우리나라 학생들은 경제협력개발기구에 속한 다른 국가들의 학생들에 비해 일주일에 15시간 이상 더 공부한다. 하지만 우리나라보다 4시간 30분을 적게 공부하는 핀란드 학생들보다 수학 점수가 2점이 뒤진다. 무엇인가 방법이 잘못되었다는 이야기다. 학과목에 대한 공부를 줄이고, 독서와 사고력을 증진하고 체력을 향상할 수 있는 프로그램을 만들어주는 것이 훨씬 효과적임을 인식해야 한다.

셋째, 여전히 자녀의 직업 선택이 구시대적인 직업관에 의해 이루어지고 있다. 우리나라 부모들은 자녀들이 의사, 법조인이 되기를 선호하는 경향이 있다. 하지만 아이들이 미래에 어떤 직업을 갖고 살아갈지는 아무도 모른다. 또 정보화, 세계화, 첨단과학, 문화, 웰빙 등을 미래 유망 직업들이라고 말하곤 있지만, 어떤 직업들이 사라지고 또 나타날지 예측하기 어렵다. 마치 강 건너에 무엇이 있는지 그리고 수심이 얼마나 깊은지 잘 모른 채 강을 헤엄쳐 건너는 것과 같다.

21세기는 변화와 속도의 시대이다. '돌다리도 두들겨보고 건너라.'라는 속담을 '네가 돌다리를 두들기고 있는 순간, 다른 사람은 이미 헤엄쳐 건너간다.'라고 바꿔야 할 정도다. 이런 세태이니 사람들은 마음이 바쁘기만 하다. 부모들의 마음도 애타기 마련이다. 그러다 보니 선행학습이다, 조기유학이다 하여 남보다 일찍 아이들을 훈련시키려 한다. 그러나 문제는 마음만 앞선다고 결코 만사가 해결되지 않는다는 데에 있다. 그래서 '바쁠수록 둘러 가라.' 라는 말이 생겼는지도 모른다. 달리 말해서 바쁠수록 원칙을 지켜야 한다는 것이다. 아무리 교육제도가 아침저녁으로 바뀐다고 해도 예습과 복습을 철저히 하는 습관, 즉 원칙을 지키는 공부 습관이 든 아이에게는 큰 문제가 되지 않는다. 결론은 공부하는 습관과 공부할 수 있는 환경을 마련하는 것이 가장 중요하다.

아울러 공부를 시키기에 앞서 올바른 교육과 훈련을 시킨다는 마음 자세를 가져야 한다. 공부란 단지 학문과 기술을 배우고 익히는 것을 말하는 반면에, 교육이란 매로 아이를 길들인다는 뜻의 '교(敎)'와 갓 태어난 아이를 살찌게 한다는 뜻의 '육(育)'이 합쳐진 말로 '기르다'라는 의미를 지닌다. 영어의 'education', 독일어의 'Erziehung', 프랑스어의 'education'은 다 같이 라틴어의 'educatio'에서 유래한 것으로, '빼내다'라는 의미와 '끌어올리다'라는 의미가 있어 내부적 능력을 개발시키고 미숙한 상태를 성숙한 상태로 만듦을 뜻한다. 따라서 어떻게 하면 아이의 잠재된 능력을 개발할 것인가와 어떻게 인성이 잘 갖춰진 아이로 키울 것인가를 함께 고민해야 한다는 뜻이다.

나아가 최근에 강조되는, '리더십'과 '역량'이라는 용어에도 관심을 기울일 필요가 있다. 리더십이란 남보다 앞서서 방향을 제시하고 구성원들과 의사소통을 하면서 변화를 이끄는 능력을 말한다. 또한 역량이란 어떤 일을 해낼 수 있는 힘을 의미한다. '능력'이 일정한 테두리 안에서 감당해낼 수 있는 힘을 말한다면, '역량'은 '능력'보다 더 다양하고 무한한 경계를 의미한다. 아이들에게 앞으로 필요한 능력을 '역량'이라고 표현하는 것은, 앞으로 우리 아이들이 해내야 할 일들의 성격이 19세기나 20세기 때보다 훨씬 복잡하고 다차원적인 능력을 요구함을 의미한다. 그러한 역량을 키우기 위해서는 아이가 다른 사람들과 어울려 매우 다양한 경험을 쌓도록 도와주어야 한다.

흔히 21세기를 지식 기반 사회라고 한다. 여기서 주목할 점은, 앞으로는 책을 통해 알 수 있는 '명시적' 지식보다 책에는 나오지 않지만 일상적으로 우리들끼리 알고 있는 '암묵적' 지식이 갈수록 중요해진다는 것이다. 아이들은 마치 포드가 자동차 공장을 만든다는 소식을 접하고 주유소 사업을 구상해낸 록펠러와 같은 역량을 갖춰야 한다. 다시 말해 새로운 정보, 곧 뉴스를 자신의 핵심 역량과 연결시킬 수 있는 지혜와, 새로운 상상력으로 사업화해갈 수 있는 비전과 도전정신이 필요하다.

따라서 이제 우리는 두 가지 목표를 설정해야 한다. <u>양날개로 날아야 한다. 한쪽 날개는 자기주도적으로 공부하는 역량을 키우는 것이며, 다른 쪽 날개는 미래 사회의 글로벌 리더로 살아갈 수 있는 리더십 역량을 갖추는 일이다.</u> 이미 세상은 한국의 젊은이들에게 지구촌 사회에 대한 책임감과 사명감을 갖도록 요구하고 있다. 이러한 균형 잡힌 교육은 앞으로 우리나라의 교육제도가 어떤 방향으로, 또 어떻게 바뀌든지 매우 유효한 전략이 될 것이다.

자녀의 잠재력에 날개를 달아주는 각종 정보들

이제는 스펙이 필요하다. 자신만의 포트폴리오를 만들어야 하기 때문에 시간이 되는 대로 인증시험이나 경시대회에서 입상한 이력을 만들어가는 것이 중요하다. 자신의 적성과 진로에 대해 꾸준한 열정과 노력을 기울여야 하며, 전문성을 갖추어야 한다. 아이들 속에 숨어 있는 잠재력을 구체화시켜 사람들에게 보여줄 수 있는 여러 정보들을 소개한다.

■ 국제영어글쓰기대회(IEWC)

연세대학교와 중앙일보가 주최하고 주관하는 영어 글쓰기 대회로 초등학교 3~4학년, 초등학교 5~6학년, 중등부, 고등부, 대학 및 일반부를 참가 대상으로 한다. 예선은 문장쓰기(Sentence Creation), 사진 묘사, 내용 요약(Summary), 에세이 쓰기(Essay Writing) 시험으로 부문별로 두 문제씩 출제된다. 본선에서는 단순한 영어 지식의 평가와 더불어 논리적 사고력과 콘텐츠의 깊이에 대한 지식을 주로 평가한다. 부문별로 대상 1명, 금상 1명, 은상 2명, 동상 3명, 장려상 3명을 선발한다.

- 주최: 연세대학교 · 중앙일보
- 대상: 초등학교 3학년~대학생 및 일반 성인
- 장소: 예선–전국 지정 고사장/ 본선–연세대학교
- 문의: 02–6263–8835
- 홈페이지 : www.iewc.co.kr

■ 한국수학올림피아드(KMO)

과학고등학교, 국제고등학교, 자립형 사립고등학교 등 외국어고등학교를 제외한 대다수 특수목적고등학교 입시에 반영되는 경시대회로, 경쟁도 치열하고 난이도도 높지만 수상 실적이 가장 빛나는 대회이기도 하다. 한국수학올림피아드는 국제수학올림피아드에 출전할 국가 대표 학생을 선발하기 위해서 치러진다. 중등부와 고등부로 나뉘며, 1차 시험과 2차 시험을 거쳐 최종 시험에서 합격하면 국제수학올림피아드에 나갈 수 있는 후보권이 주어진다. 과학고등학교는 일반적으로 은상 이상에만 특별 전형에 지원할 수 있는 자격을 부여한다. 1차 시험은 주관식 단답형 20문항을 4시간 동안 풀고, 2차 시험은 주관식 8문항을 오전과 오후로 나누어 총 5시간 동안 푼다. 창의력을 기반으로 한 새로운 유형의 문제들이 출제되기 때문에 전년도 한국수학올림피아드 기출문제를 꾸준히 풀어봐야 한다.

• 문의: 02-565-0361

• 홈페이지: www.kmo.or.kr

■ 코리아 타임스 국제영어인증시험

실용영어와 함께 영어의 학문적 능력, 즉 학문 영역별 영어 능력을 측정 및 진단하는 시험으로 인문, 수학, 사회, 과학 분야의 지식들을 총체적으로 측정해볼 수 있는 시험이다. 성적우수자에게는 장학금과 세계 학생 토론대회 출전 자격이 주어진다. 초등학교 1~3학년, 초등학교 4~6학년, 중학

교 1~2학년, 중학교 3학년~고등학교 2학년, 고등학교 3학년~대학생, 일

반인으로 등급을 나누어 시험을 치른다.

- 주최: 코리아 타임스 국제교류원(국제영어인증시험위원회)

- 대상: 초등 3학년생 이상~고등학생

- 일시: 상반기, 하반기(연 2회)

- 장소: 전국 지정 고사장

- 문의: 1588-0564

- 홈페이지: www.timesenglishtest.com

■ 대한민국 학생 영어 말하기 대회

주제와 시간에 맞춰 원고를 작성하여 제출하고 암기하여 발표한다. 유

치부와 초등부 저학년은 1분 30초 이내, 초등부 고학년과 중학생은 2분

이내, 고등부에서 대학 일반부까지는 2분 30초 이내로 발표한다. 자연스

러움, 발음, 감정 처리, 자신감, 억양, 태도 등을 종합적으로 평가한다. 원

고 및 쪽지를 참고하면서 자연스럽게 발표하는 것은 가능하지만, 계속 들

여다보면서 발표할 경우에는 태도 등에서 고득점을 받지 못한다.

- 주최: 사단법인 세계예능교류협회

- 대상: 유치부~대학부

- 문의: 02-2244-0847

- 홈페이지: www.waaeo.or.kr

■ TOEIC

영어가 모국어가 아닌 사람들을 대상으로, 영어 커뮤니케이션 능력에 중점을 두고 일상생활 또는 국제 업무 등에 필요한 실용영어 능력을 평가하는 시험이다. 토플이 어휘, 문법, 독해 위주의 평가시험이라면, 토익은 듣기를 중시하는 시험이다. 듣기 영역(L/C) 100문항과 읽기 영역(R/C) 100문항이 출제된다. 외국어고등학교와 자립형 사립고등학교에서 신입생을 선발할 때 토익 점수를 반영한다.

- 일시: 연간 12회 시행(매달 1회)
- 접수: 홈페이지, 방문 접수
- 문의: 02-2279-0505
- 홈페이지: exam.ybmsisa.com

■ TOSEL

교육방송에서 주관하는 토종영어 능력평가시험으로 읽기, 쓰기, 말하기, 듣기의 4대 영역을 평가한다. 현재 청심중학교에 지원하려면 TOSEL 인증서를 제출해야 한다. 모두 다섯 단계로 나뉘는데, 초등학교 1~2학년은 TOSEL STARTER, 3~4학년은 TOSEL BASIC, 5~6학년은 TOSEL JUNIOR, 중학생과 고등학생은 TOSEL INTERMEDIATE, 그보다 높은 수준은 TOSEL ADVANCED가 있다. 민족사관고등학교에서는 지원 자격 요건 중 하나로 삼는다. TOSEL은 실생활에서 많이 쓰는 표현을 중심으로

출제하므로, 일상생활에서 직접 활용할 수 있는 영어 실력을 기르는 것이
중요하다.

- 일시: 연 5회 시행

- 접수: 홈페이지, 방문 접수

- 문의: 1588-1503

- 홈페이지: www.tosel.org

■ iBT토플

외국어고등학교에서 영어인증서를 받지 않겠다고 밝혔으나, 자기소개
서에 영어 실력을 조건으로 묻는 경우가 있어 iBT토플의 열기는 여전하
다. 독해는 3개 지문을 읽고 60분간 39~42개의 문제를 풀어야 하므로, 지
문과 문항 수가 만만치 않다. 그러므로 속독과 정독 모두가 중요하다. 듣
기 영역은 듣기의 양이 상당히 늘었고, 영국식 발음이 추가되었으며, 화자
가 말을 머뭇거리는 등 난이도를 높인 것도 특징이다. 말하기는 정확한 문
법과 발음으로 속도감 있게 답하는 게 관건이다. 독립형 에세이와 통합형
에세이 두 부분으로 이뤄진 쓰기는 수험생들이 가장 까다로워 하는 부분
이다. 영어 작문 능력과 논리력을 키운다면 좋은 점수를 기대할 수 있다.

- 문의: 1566-0990

- 홈페이지: www.ets.org/toeflnextgen

■ TEPS

TEPS는 영어 능력을 있는 그대로 정확하게 판단하기 위해 다양한 테스트 방법을 적용하여 많은 지문을 주고 짧은 시간 내에 풀 수 있는지를 테스트한다. TEPS는 한일고등학교, 민족사관고등학교, 상산고등학교 입시에 활용된다. 듣기는 60분 문항인데 일상 대화, 업무, 공고, 방송, 교양 수준의 대학 강의 등이 대화문과 담화문 형식으로 주어진다. 독해는 40문항이다. 신문, 잡지, 대학 교양 과목 개론은 물론 서신, 광고, 지시문, 설명문, 도표 등 실용적인 글까지 이해하는 능력을 체크한다. 총 50문항인 어휘 문제는 문장 속에 녹아 있는 의미를 유추해서 가장 적절한 어휘를 선택하는 유형을 문어체와 구어체로 나누어 테스트한다.

• 일시: 연간 12회 시행(매달 1회)

• 접수: 홈페이지, 방문 접수

• 문의: 02-886-3330

• 홈페이지: www.teps.or.kr

■ 국제영어대회(IET)

예선은 부문별 논술 주제를 공지하고 제출받는 식으로 치러진다. 예선을 통과한 학생을 대상으로 지정 장소에서 정해진 주제에 맞는 에세이를 작성하여 제출하는 형식의 국제영어논술경시대회이다. 에세이 평가는 주어진 프롬프트(prompts)에 맞게 글의 주제를 정하고 이 주제를 논리적이면서 일관성 있게 발전시키고 구성하는 능력을 측정하는 것에 중점을 둔다. 본선과 예선으로 나뉘고 국외에 체류한 경험에 따라 A그룹(최근 3년간 국외에 6개월 이상 체류한 자)·B그룹(최근 3년간 국외에 체류 경험이 없는 자)으로 나뉘며, 연령별로 초등 고학년부터 중학생이 응시하는 중급과 고등학생이 응시하는 고급으로 나뉜다. 1, 2차 예선을 거쳐 본선으로 진행된다.

- 주최: 전국 19개 외국어고등학교·고려대학교 사범대학
- 대상: 초등학교 3학년~고등학교 3학년
- 접수: 홈페이지, 방문 접수
- 장소: 전국 지정 고사장, 각국 지정 고사장
- 문의: 02-539-8123
- 홈페이지 : www.ietcentre.org

■ 국제영어논술대회(IEEC)

영작문 대회로서, 영작문의 기초 이해에서부터 수사적 이해를 묻는 다양한 문항으로 구성된 예선 시험과, 영작문 기술을 실제로 연습하고 그 능력을 확인하는 본선 시험으로 시행된다.

- 주최: 전국 19개 외국어고등학교·고려대학교 사범대학
- 대상: 초등학교 4학년~중학교 3학년(중급), 고등학교 1~3학년(고급)
- 일시: 매년 5월경
- 접수: 홈페이지, 방문 접수(3월부터 1차 예선 접수)

- 장소: 지정 고사장 / 본선-고려대학교

- 문의: 02-539-8123

- 홈페이지: www.ietcentre.org/ieec/main.asp

■ 전국 중학생 논쟁식 영어토론대회

1차는 서류 전형을 통해 성적순으로 선발한다. 2차는 당일 민족사관고등학교에서 제시하는 주제에 따라 에세이 쓰기 테스트(Essay Writing Test)를 거쳐 최종 합격자 64명을 뽑는다. 토론대회 본선 및 캠프는 한 달 뒤 2박 3일간 합숙을 통해 치러지며, 참가자 전원에게 수료증이 발급된다.

- 주최: 민족사관고등학교

- 대상: 중학교 1학년~3학년

- 접수: 홈페이지, 우편 접수

- 장소: 민족사관고등학교

- 문의: 033-343-1116

- 홈페이지: www.minjok.hs.kr

■ 전국 중·고등학교 외국어경시대회

전통과 권위를 자랑하는 외국어경시대회로 전국의 중·고등학교 재학생은 누구나 응시할 수 있으며, 예선 시험과 본선 시험을 거쳐 종합성적 우수자를 최종 선발하여 시상한다. 예선 시험에서는 언어별 듣기 및 읽기 능력을 평가하여 본선 진출자를 선발하며, 본선 진출자를 대상으로 본선 시험(쓰기 및 말하기 능력 평가)을 시행한다. 최종 종합성적 우수자에게는 한국외국어대학교 총장상이 수여되고, 응시자 전원에게 성적인증서가 발급된다.

- 주최: 한국외국어대학교
- 대상: 국내 중·고등학교 재학생
- 접수: 홈페이지
- 장소: 시험일 3~4일 전 발표
- 문의: 02-2173-2529
- 홈페이지: flex.hufs.ac.kr

■ 전국 초등학교 외국어경시대회

영어·일본어·중국어 중 1개 언어를 선택하여, 예선 시험과 본선 시험을 거쳐 최종 종합성적 우수자를 선발하여 시상한다. 예선 시험에서는 언어별 듣기 및 읽기 능력을 평가하여 본선 진출자를 선발하며, 이어 본선 진출자를 대상으로 본선 시험(쓰기 능력 평가)을 시행하여 최종 종합성적 우수자를 선정한다. 수상자 전원에게 한국외국어대학교 총장상이 수여되고, 응시자 전원에게 성적인증서가 발급된다.

- 주최: 한국외국어대학교
- 대상: 초등학교 3학년~6학년

• 장소: 예선-전국 지정 시험 장소(원서 접수 시 선택) / 본선-서울(한국외

  국어대학교)

• 문의: 02-2173-2529

• 홈페이지: www.eflex.co.kr

■ 한국물리올림피아드

국내 중등부와 고등부로 나뉘어 치러지며 중등부는 오지선다형 객관식 60문제, 고등부는 주관식이다. 1교시는 주로 힘과 운동, 일과 에너지 및 열역학 분야에서 출제되고, 2교시에는 전자기 파동에 관한 문제가 주로 출제된다. 수학적 추론 능력이 중요하므로 기출문제를 중심으로 공부하되 심화된 계산 문제도 충분히 훈련해야 한다고 전문가들은 조언한다. 물리는 물리 II 까지, 수학은 10-가, 나까지는 선행학습을 해야 한다. 시험시간은 5시간이고, 수상 인원은 참가자 수에 따라 바뀐다.

• 장소: 서울, 대전(추후 홈페이지를 통하여 공지)

• 접수: 홈페이지

• 문의: 02-556-4737

• 홈페이지: kpho.kps.or.kr

■ 한국생물올림피아드

중학부와 고등부로 나누어 시험을 치르며, 중학부의 시험 범위는 중학

교 및 고등학교 과학(생물 영역), 고등학교 생물Ⅰ과 생물Ⅱ 영역까지이다.
총 80문항을 120분 만에 푸는데, 모두 객관식이다.

- 문의: 031-473-8102

- 홈페이지: kbo.snu.ac.kr

■ 한국화학올림피아드(KChO)

최근 화학Ⅰ과 화학Ⅱ 과정을 기본으로 대학 과정에 해당하는 내용까지
출제되고 있지만, 난이도는 그다지 높지 않다. 2008년에 응시생의 약 24.7
퍼센트가 수상할 만큼 인심이 좋은 편이다. 사지선다 객관식 60문항에 풀
이 시간은 120분이 주어진다.

- 주최: 대한화학회 화학올림피아드위원회

- 대상: 중학교 2학년~고등학교 2학년

- 접수: 홈페이지(응시원서와 증빙서류는 등기우편으로 제출)

- 장소: 원서 접수 후 학회에서 주거지 인근으로 일괄 배정(강원 지역 학생
  들은 서울 내 대회장으로 배정)

- 문의: 02-3291-5457

- 홈페이지: www.kcsnet.or.kr

■ 한국지구과학올림피아드

2008년부터 한성과학고등학교를 비롯한 몇몇 학교들이 기존의 요강을

변경하여 한국지구화학올림피아드 성적도 입시에 반영하면서 인기가 높아지고 있다. 1차는 중학교 심화과정에 해당하는 필기시험이며, 2차는 1차에 통과한 참가자를 대상으로 1박 2일 동안 천체 관측 실습과 주관식 풀이 수행평가로 시행된다. 지질, 대기 해양, 천문 등 과정별로 고등학교 과정까지 심화 선행학습하고, 특히 물리 역학과 관련된 부분은 꼭 학습해두어야 한다. 그래프나 그림을 해석하는 유형의 문제도 많이 풀어보는 게 좋다.

- 주최: 사단법인 한국지구과학회
- 대상: 중학교와 고등학교 또는 이에 준하는 교육기관의 재학생으로 학교장의 추천을 받은 학생
- 접수: 홈페이지
- 문의: 043-267-2737
- 홈페이지: www.keso.or.kr

■ 한국정보올림피아드(KOI)

정보기술(IT) 분야 영재들의 실력을 겨루는 국내 최고의 대회이다. 3월에서 6월경에 실시하는 16개 시도교육청 주관의 지역 본선을 통해 선발된 학생들 중 중상위 입상자에게 전국 본선대회에 출전할 기회가 주어진다. 주어진 문제를 해결하는 능력을 겨루는 경시 부문과 학생이 스스로 개발한 소프트웨어의 작품성을 평가하는 공모 부분으로 진행되며, 특수목적고등학교 입시에서는 경시 부문을 주로 본다. 지역 예선, 본선, 전국

대회 순으로 치러지는데, 상위 입상자에게는 국제정보올림피아드(IOI)에 참가할 수 있는 후보 자격이 주어지며 또한 국내 주요 대학의 정보화 특기생으로 선발될 가능성이 높다. 특목고 및 대학교에 진학할 때 경시대회와 유사한 혜택이 주어진다. 경시 부문의 경우 국제정보올림피아드 출제 경향에 맞춰 수학적 지식 및 논리적 사고 능력을 필요로 하는 알고리즘과 그 구현을 경시하는 문제를 출제한다. 쉽게 말해 수학적 논리를 컴퓨터가 계산할 수 있는 프로그램으로 만드는 것이다. 컴퓨터 프로그램을 폭넓게 운용하는 능력과 뛰어난 수학적 사고력이 필요하다. 결과물은 채점 프로그램을 적용해 평가하며, 참가자는 차일 입출력이 가능하도록 실행파일을 생성해야 한다. 초 · 중 · 고등부로 나뉘어 약 4시간에 걸쳐 시험이 진행된다. 어렸을 때부터 수학적 능력(탐구력과 원리 이해력)이 뛰어나고 검색하는 것을 좋아한다면 도전해볼 만하다. 소수 정예들의 대회라 다른 경시대회보다 상이 적다. 그만큼 입시에서 수상 실적의 위력도 막강하다. 그러나 특목고에 입학하는 수단으로 공부한다면 한번 생각해봐야 한다. 왜냐면 교과과정과 전혀 연계되어 있지 않은 과목이고, 이 부분에 시간을 투자하면 다른 공부에 소홀해질 수 있기 때문이다. 사교육이 필요한 부분으로 학원의 도움을 받아야 수상권에 들 수 있다.

- 주최: 행정안전부
- 대상: 초등학생~고등학생
- 접수: 방문 접수

- 문의: 02-3660-2500

- 홈페이지: www.nia.or.kr

■ 한국천문올림피아드(KAO)

중등 1부(1~2학년), 중등 2부(3학년), 고등부로 나뉘어 진행된다. 각 부문의 수상자는 각 50명 정도로, 총 150여 명의 학생 모두에게 여름과 겨울학교 입교 자격이 주어지는 것이 특징이다. 겨울학교 성적에 따라 국제대회의 국가대표로 선발된다. 물리와 수학 지식을 선행조건으로 하며, 과목의 특성상 한국지구과학올림피아드와 함께 준비하는 학생이 많다. 5월경 대회가 있다.

- 주최: 한국천문올림피아드위원회

- 대상: 중학교 1학년~고등학교 2학년(비재학생도 증빙서류를 제출하면 가능)

- 접수: 홈페이지

- 문의: 02-886-4387

- 홈페이지: www.kasolym.org

■ 전국지리올림피아드 지역대회

중·고등학교 지리 교육과정 내용을 중심으로 출제한다. 문제 해결 능력, 사고력 및 창의력을 측정할 수 있는 선택형과 서술형 문항으로 구성한다. 지역대회 후 전국대회가 치러진다. 전국대회 선택형 문항 중 일부는 영어로 출제된다.

- 주최: 사단법인 대한지리학회

- 대상: 지역-학교장 추천받은 고등학교 재학생 / 전국-지역대회 동상 이상 입상자

- 접수: 접수 기간 동안의 우체국 소인이 찍힌 등기 우편 또는 방문 접수

- 문의: 02-875-1463

- 홈페이지: www.kgeography.or.kr

■ 한자능력시험

한자 자격증은 종류가 많지만, 어느 시행처에서 응시해도 공인 인정을 받는다.

- **시행처**

자격종목	시행처
한자능력검정	한국어문학회
실용한자	한자교육진흥회
한국한자검정	한국외국어평가원
한자급수자격검정	한국평생교육평가원
한자능력자격검정	대한검정회
한자능력자격검정	한국한자한문능력개발원
상공회의소 한자	대한상공회의소

■ 전국고교증권경시대회

경제와 증권에 대한 기본 지식과 이해도를 평가하는 대회이다. 고교생

의 경제·증권에 대한 지식 함양과 금융 마인드를 심어주고자 매년 개최되고 있다. 금융위원장상, 금융감독원장상 등 44명에게 시상하고 부상으로 장학금도 수여한다. 출제 범위는 합리적인 경제생활 및 증권에 대한 기본 개념, 가계·기업 및 증권시장의 상호관계, 주식·채권 및 금융상품의 이해, 건전한 투자문화 형성에 필요한 사항 등이며, 오지선다형 80문제가 출제된다.

- 주최: 전국투자자교육협의회
- 대상: 고등학교 재학생
- 일시: 매년 11월경
- 접수: 홈페이지(매년 10월경)
- 문의: 2003-9452
- 홈페이지 : www.kcie.or.kr

■ 민족사관고등학교 국어경시대회

5월에 시험이 치러지며, 객관식 10문제, 단답형 10문제, 서술문제 200자 4문제, 논술형 서술문제 500자 1문제가 출제되었다. 출제 범위는 중학교 교과서 지문이 1/3, 교과서 외 지문이 2/3이다. 단순 지식을 묻는 문제가 아니라, 특정 장르를 이해하는 데 필수적이고 핵심적인 문제들과 깊이 있는 사고를 할 수 있는지 역량을 테스트하는 문제들이 출제된다. 평소 독서량이 적지 않았다면 충분히 소화할 수 있는 내용이라고 관계자는 말한

다. 시상에는 금상, 은상, 동상, 장려상이 수여되며, 금상과 은상은 민족사
관고등학교에 입학하면 장학금 혜택을 받을 수 있다. 민사고 입시 전형에
도 반영되므로, 민사고 진학을 희망하는 학생이라면 대비하는 것이 좋다.

- 대상: 중학교 졸업자, 다음 해 2월 중학교 졸업 예정자, 다음 해 2월 말
  기준 해외에서 9학년 과정을 마칠 수 있는 자(미국학제 기준), 고등학교
  입학 자격 검정고시 합격자
- 일시: 매년 5월경
- 접수: 홈페이지
- 문의: 033-343-1116
- 홈페이지: www.minjok.hs.kr

■ 국어능력인증시험

국어능력인증시험은 어휘나 이해력, 문법의 비중이 높아 대학수학능력
시험의 국어 시험과 일맥상통하는 경향을 보인다. 수능에 비해 문학 비중
이 조금 적고 주관식이 있다는 것이 특징이다. 총 130분 동안 객관식 80문
항과 주관식 10문항이 주어진다. 우리말에 대한 종합적 이해력과 어휘력
을 중점적으로 테스트하기 때문에, 평소에 책을 읽고 문맥을 파악하고 사
전을 활용하는 등 토론을 많이 하면서 자연스럽게 언어 논리와 정확성을
키워나가는 것이 중요하다. 이 시험은 연간 6회 시행되며, 200점 만점으
로 121점부터 급수를 매겨 5급부터 1급까지 급수가 주어진다.

- 접수: 홈페이지

- 문의: 1544-0651

- 홈페이지: www.tokl.or.kr

■ KBS 한국어능력시험

실제 언어 사용 환경을 적극 반영한 실용성 높은 국가 공인 시험이다. 오지선다형으로 총 100문항이 출제되며, 900점 만점이다. 듣기 문제는 담화 내용을 듣고 문제를 푸는 것이라 난이도가 낮은 편이다. 어휘나 읽기 문항은 비판적 사고력과 헷갈리는 단어에 대한 정확한 의미 파악을 요구하기 때문에 평소 단어를 꾸준히 공부하고 글을 읽고 정리하는 습관을 기르는 것이 도움이 된다. 창의적 언어 능력을 측정하는 문항은 글을 읽고 스스로 제목을 붙이는 연습을 통해 준비할 수 있다. 1급에서 4+급까지 공인 급수가 주어지며 고등학교, 대학교 및 공공기관 취업 전형에도 공신력을 가진다. 연간 3~4회 시행되며, 민족사관고등학교, 상산고등학교, 한일고등학교, 안양외국어고등학교의 입학 전형에 활용할 수 있다.

- 접수: 홈페이지

- 문의: 02-781-8271

- 홈페이지: www.klt.or.kr

■ 한국사능력검정시험

1급에서 6급까지 난이도별로 나누어 치러진다. 1급부터 4급까지는 객관식 50문항, 5급과 6급은 객관식 40문항으로 출제된다. 민족사관고등학교는 입학 전형에서 선택 제출서류 항목 중 인문사회 분야의 우수성을 입증하는 자료로 한국사능력검정시험 합격 내용을 포함한다. 상산고등학교는 특기자 전형에서 사회 영역의 경우 한국사능력검정시험 3급 합격 이상인 자를 지원받아 선발한다. 공주 한일고등학교는 입학 전형에서 한국사능력검정시험 합격자에게 가산점을 부여한다.

- 대상 : 초등학생~대학생 · 일반 성인
- 일시 : 상반기, 하반기(연 2회)
- 접수 : 홈페이지
- 문의 : 1577-8322
- 홈페이지 : www.historyexam.go.kr

■ 전국학생논술대회

간단한 서류를 접수하는 것만으로 참가 접수가 완료되며, 별도의 예선 절차는 없다. 지난 2회 논술대회의 주제는 '저출산, 고령화 사회를 위한 학교 인구교육 활성화 사업'으로, 우리나라가 당면한 사회문제를 얼마나 정확히 인식하고 있으며 그 해결 방안을 학생 수준에 맞게 얼마나 논리적으로 제시하느냐가 관건이었다.

• 주최: 보건복지가족부

• 대상: 초등학생~고등학생

• 접수: 홈페이지

• 문의: 043-230-3517

• 홈페이지 : http://essaycontest2.knue.ac.kr

■ 전국 고전읽기 백일장대회

국민독서문화진흥회가 주관하며, 초중고생과 대학생, 일반 성인을 참가 대상으로 한다. 단체와 개인별로 신청이 가능하다. 선정된 도서목록 가운데 한 권을 택해서 읽고 원고지에 수기로 작성한 감상문을 참가신청서 소정 양식과 함께 우편으로 접수하면, 10퍼센트 내외에서 예선 통과자가 선정된다. 본선은 대회 당일에 고지된 작품으로 지정된 장소에서 선정도서를 읽고 감상문을 쓰는 형식이다. 시간은 3시간이며, 원고지의 형식과 분량은 제한이 없다. 대통령상과 국무총리상 각 1명, 문화체육관광부장관상 5명, 은상 15명, 동상 25명이며, 연 1회 8월에 예선을 치르고 9월에 본선이 치러진다. 이 밖에 전국독서감상문 발표대회도 5월에 예선, 6월에 본선을 치른다.

• 주최: 국민독서문화진흥회

• 대상: 초등학생~대학생·일반 성인

• 일시: 연 1회(예선 8월/본선 9월)

- 접수: 홈페이지, 우편

- 문의: 02-913-9582

- 홈페이지: www.readingnet.or.kr

■ 민족사관고등학교 수학경시대회

민족사관고등학교를 지원하려는 학생이라면, 민사고에서 주최하는 수학경시대회 성적표 사본은 필수다. 난이도는 한국수학올림피아드(KMO)보다 낮은 편이지만, 중등 교과에 충실한 문제가 주로 나온다. 그러나 응용력이나 문제 해결력에 중점을 두는 문제가 많기 때문에 개념을 확실히 익힌 다음 창의력 문제를 많이 푸는 것이 유리하다. 2008년에는 25문항을 120여 분 동안 풀게 했다. 총 5등급으로 민사고 입시에서는 3등급 이상이면 무난한 것으로 알려져 있다.

- 대상: 중학교 졸업자, 다음 해 2월 중학교 졸업 예정자, 다음 해 2월 말 기준 해외에서 9학년 과정을 마칠 수 있는 자(미국학제 기준), 고등학교 입학 자격 검정고시 합격자

- 일시: 매년 6월경

- 접수: 홈페이지

- 문의: 033-343-1116

- 홈페이지: www.minjok.hs.kr

고봉익, 《최고의 학습전략 플래닝》, 씨앗을뿌리는사람들, 2006
김성회, 《자기계발을 위한 주장훈련의 이론과 실제》, 학지사, 2007
김주희, 《현명한 엄마의 대화습관》, 책이있는마을, 2008
박기원, 《총명한 두뇌만들기》, 중앙북스, 2008
백기락, 《패턴 리딩》, 크레벤지식서비스, 2006
성기홍, 《에코 힐링 워킹》, 엘도라도, 2008
원동연, 《5차원 전면교육학습법》, 김영사, 2000
유필화, 《부처에게서 배우는 경영의 지혜》, 한언, 1997
이범, 《이범의 교육특강》, 다산에듀, 2009
전혜성, 《엘리트보다는 사람이 되어라》, 중앙북스, 2009
최병권, 《대안은 열린 애국주의다》, 열린책들, 1999
최진기, 《최진기 선생님의 입학사정관 전략 매뉴얼》, 시네스트, 2009
한창욱, 《나를 변화시키는 좋은 습관》, 새론북스, 2009
《더불어 사는 세상 배우기》, 아시아·태평양 국제이해교육원, 2001
《무엇을 읽고 어떻게 쓸 것인가》, 휴머니스트, 2007
《청소년 글로벌 리더십 프로그램 모형 개발》, 한국청소년개발원, 1999
《청소년 리더십 함양을 위한 자원봉사 교육프로그램 모델 개발》, 한국청소년개발원, 2003
다카다 아키카즈, 윤혜림 옮김, 《마음을 즐겁게 하는 뇌》, 전나무숲, 2009
도널드 T. 필립스, 김광수 옮김, 《마틴 루터 킹의 리더십》, 시아출판사, 2001
로빈 S. 샤르마, 손원재 옮김, 《훌륭한 부모는 리더십을 유산으로 남긴다》, 산성미디어, 2002
론다 번, 김우열 옮김, 《시크릿》, 살림Biz, 2007
루스 실로, 박민경 옮김, 《유태인의 자녀교육법 53》, 국민출판, 2008
르몽드 디플로마티크, 권지현 옮김, 《르몽드 세계사》, 휴머니스트, 2008
말콤 글래드웰, 노정태 옮김, 《아웃라이어》, 김영사, 2009
맥스웰 몰츠, 공병호 옮김, 《맥스웰 몰츠 성공의 법칙》, 비즈니스북스, 2003
빅터 고어츨 외, 박중서 옮김, 《세계적 인물은 어떻게 키워지는가》, 뜨인돌, 2006
사토 도미오, 홍성민 옮김, 《잠의 즐거움》, 국일미디어, 2006
수잔 쿠즈마스키 외, 홍기원 옮김, 《가치중심의 리더십》, 학지사, 1999
스티븐 코비, 김경섭 옮김, 《성공하는 사람들의 7가지 습관》, 김영사, 2003
앨빈 토플러, 김중웅 옮김, 《부의 미래》, 청림출판, 2006
웨인 W. 다이어, 이일남 옮김, 《자녀의 행복한 인생을 약속하는 부모의 지혜》, 아침나라, 2000
존 어데어, 이윤성 옮김, 《위대한 리더들: 잠든 시대를 깨우다》, 미래의창, 2006
진견진, 유리타 옮김, 《고구마가 내 몸을 살린다》, 한언, 2006
켄 블렌차드, 조천제 옮김, 《칭찬은 고래도 춤추게 한다》, 21세기북스, 2003
피에르 부르디외, 최종철 옮김, 《구별짓기: 문화와 취향의 사회학》, 새물결, 1995
하버드 인디펜던트, 박미영 옮김, 《미국 명문대 입학에세이 모범답안 100선》, 크림슨, 2009
하야시 히로시, 한상수 옮김, 《아침독서 10분이 기적을 만든다》, 청어람미디어, 2005
후루이치 유키오, 박재현 옮김, 《아침 30분》, 형설라이프, 2009
C. K. 프라할라드 외, 김정수 옮김, 《글로벌 리더십》, 21세기북스, 2009
Jr. 칼 비테, 김락준 옮김, 《칼 비테의 공부의 즐거움》, 베이직북스, 2008

상위 1% 엄마들의 양날개 전략

초판 1쇄 2010년 1월 5일 발행

지 은 이 | 김형주·류미선
펴 낸 이 | 최용철
펴 낸 곳 | 도서출판 두리미디어

등록번호 | 제10-1718호
등록일자 | 1989년 2월 10일
주 소 | 서울시 마포구 서교동 369-25
전 화 | (02)338-7733   팩 스 | (02)335-7849
Homepage | www.durimedia.co.kr
E-mail | editor@durimedia.co.kr
ⓒ 김형주·류미선, 2010 Printed in Korea

ISBN 978-89-7715-212-0 (03370)